_____ 초등학교

_____ 학년 _____ 반

이름 _____

뿌듯해콘텐츠연구소

좋은 콘텐츠를 만들기 위해 교사와 기획자가 모였어요.
우리 친구들과 매일 만나고 싶어서 <뿌듯해> 시리즈를 만들었지요.
이 시리즈를 만드는 동안 책에 코 박고 뭔가에 몰두하는 친구들이 떠올라 행복했어요.
첫날 부담 없이 시작했는데, 어느새 마지막 장을 넘기게 되는 <뿌듯해> 시리즈.
하루 10분, 꾸준하게 실천하면 자신감이 쑥쑥 샘솟을 거예요.

◆ <뿌듯해 4자성어 초등 일기쓰기>는 디자인과 상표권 특허 출원 중입니다.
◆ 이 책에 실린 모든 내용은 허락 없이 복제할 수 없습니다.

《뿌듯해 4자성어 초등 일기쓰기》 초급

초판 1쇄 발행 2021년 1월 4일
초판 2쇄 발행 2021년 12월 27일

지은이 • 뿌듯해콘텐츠연구소
발행인 • 강혜진
발행처 • 진서원
등록 • 제2012-000384호 2012년 12월 4일
주소 • (03938) 서울 마포구 월드컵로 36길 18 삼라마이다스 1105호
대표전화 • (02)3143-6353 | **팩스** • (02)3143-6354
홈페이지 • www.jinswon.co.kr | **이메일** • service@jinswon.co.kr

편집진행 • 김혜영 | **기획편집부** • 한주원, 최고은 | **표지 및 내지 디자인** • 디박스
일러스트 • Getty Images Bank | **종이** • 다올페이퍼 | **인쇄** • 보광문화사 | **마케팅** • 강성우

ISBN 979-11-86647-59-2 74710
진서원 도서번호 21001
값 8,800원

초급

뿌듯해 4자성어

초등 일기쓰기

매일 4자성어 4행시를 쓰면 100일 후 글쓰기 도사가 된다!

뿌듯해콘텐츠연구소 지음

진서원

뿌듯해 친구들에게

따뜻한 가르침이 있는 4자성어 일기쓰기

<뿌듯해 3행시 초등 일기쓰기>를 좋아해 준 많은 친구들 덕분에
'4자성어 일기'도 만들게 되었어요. 4자성어 안에는 재미있는 이야기도 있고,
따뜻한 교훈도 있어요. 이젠 4자성어로 4행시 이야기를 만들어 보면 어떨까요?

'구/사/일/생' 4행시 쓰고 엄마를 생각하는 아이

어느 날 끝말잇기를 하다가 나온 4행시 주제는 '구/사/일/생'. 친구는 내친김에 일기를 쓰겠다고 자리에 앉더니 한참을 생각하다 다음 날 이렇게 멋진 4행시를 써 왔습니다! 자신의 마음을 글로 적어 엄마에게 수줍게 건넸더니 엄마가 꼭 안아 주었대요.

> 구사일생 4행시
>
> **구**름이 하늘에 둥둥 떠 있어서 엄마가 사 주신 솜사탕이 생각났다.
> **사**진을 찍고 싶었는데 핸드폰이 없어서 눈으로 찍었다.
> **일**기를 쓰니까 다시 솜사탕 생각이 난다. 나는 솜사탕이 좋다.
> **생**각해 보니 솜사탕보다 예쁜 우리 엄마가 더 좋다.

3행시보다는 생각할 게 많지만, 지식은 쏙쏙! 실력은 쑥쑥!

글쓰기를 숙제로만 생각하지 마세요. 3행시를 쓸 때처럼 4자성어도 그냥 쓰고 싶을 때 쓰면 된답니다.
특히 4자성어는 수천 년 동안 사라지지 않고 지금까지 사용하는 말로,
수많은 사람들의 지혜와 깨달음, 유머까지 담고 있어요.
글을 쓰고 싶지만 막상 어떻게 해야 할지 모른다면 '4자성어 일기쓰기'를 시작해 보세요!
불쑥 던져진 4행시 주제에 맞춰 요리조리 상상해 보고 → 랩을 하듯 운율도 맞추며 →
그럴듯하게 마무리한다면, 언제 어디서든 나의 생각을 자유롭게 표현할 수 있을 거예요.

'4자성어 일기쓰기'로 글쓰기에 재미를 들여 보세요. '뿌듯해 백일장'도 참여해 보시고요.
어서 빨리 여러분의 멋진 이야기를 듣고 싶네요!

뿌듯해콘텐츠연구소

<뿌듯해 4자성어 일기쓰기>
하루 10분, 이렇게 쓰면 뿌듯해져요!

생각이 깊어지고 표현력도 커지는 '4자성어 일기쓰기'.
하루 10분, 3단계 쓰기를 따라 하면 어렵지 않을 거예요.

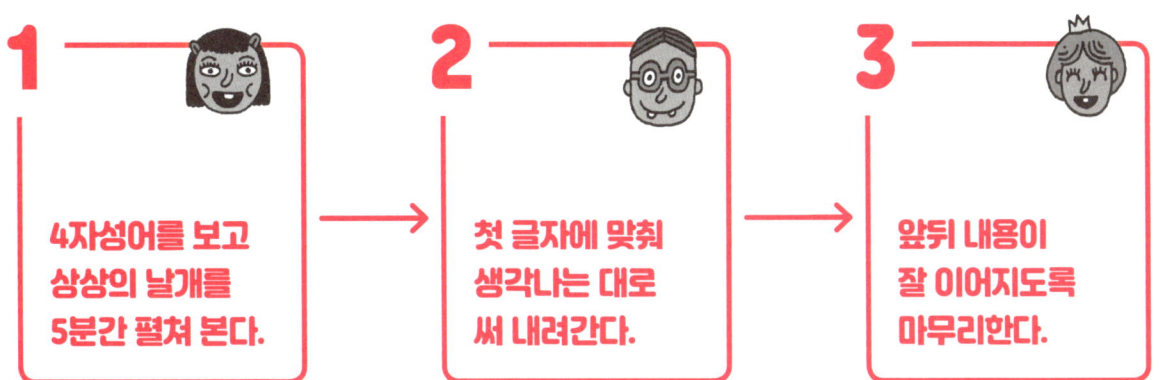

1 4자성어를 보고 상상의 날개를 5분간 펼쳐 본다. → **2** 첫 글자에 맞춰 생각나는 대로 써 내려간다. → **3** 앞뒤 내용이 잘 이어지도록 마무리한다.

'뿌듯해 백일장'에 도전해 보세요!

진서원 뿌듯해 카페(cafe.naver.com/jinswonppddhh)에서는 매주 '뿌듯해 백일장'이 열립니다. 내가 써놓고도 마음에 들었던 4자성어 일기를 사진으로 찍어서 올려주세요. 매주/매월 우수작을 선정해서 문화상품권, 기프티콘 등 다양한 선물을 드립니다.

<이렇게 쓰면 우수작 당선!>

☐ 힙합 가사를 쓴다는 생각으로 운율을 맞춰서 써 보세요.

☐ 앞부분도 중요하지만, 마지막 4행에 더 힘을 주세요. 마무리가 중요해요!

☐ 나만의 생각을 담아 보세요. 감동까지 추가하면 최고!

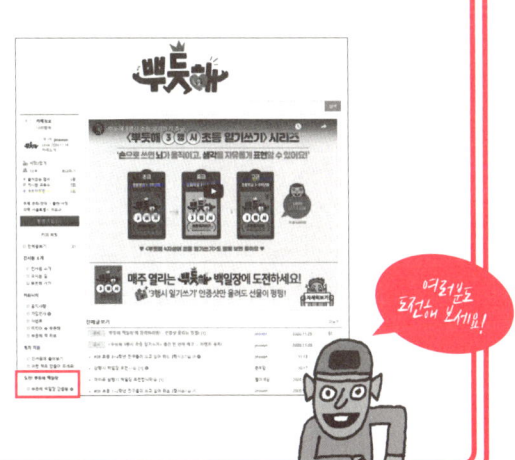

<뿌듯해 4자성어 일기쓰기>
준비 운동 – 원고지 쓰는 법

<뿌듯해 4자성어 일기쓰기>는 원고지에 씁니다. 나중에 논술 시험을 볼 때 원고지를 사용하므로 미리 알아 두면 좋습니다. 원고지 쓰기를 하다 보면 맞춤법, 띄어쓰기, 문장부호 사용법을 자연스럽게 알게 됩니다. 글씨도 예쁘게 쓰게 되고요.

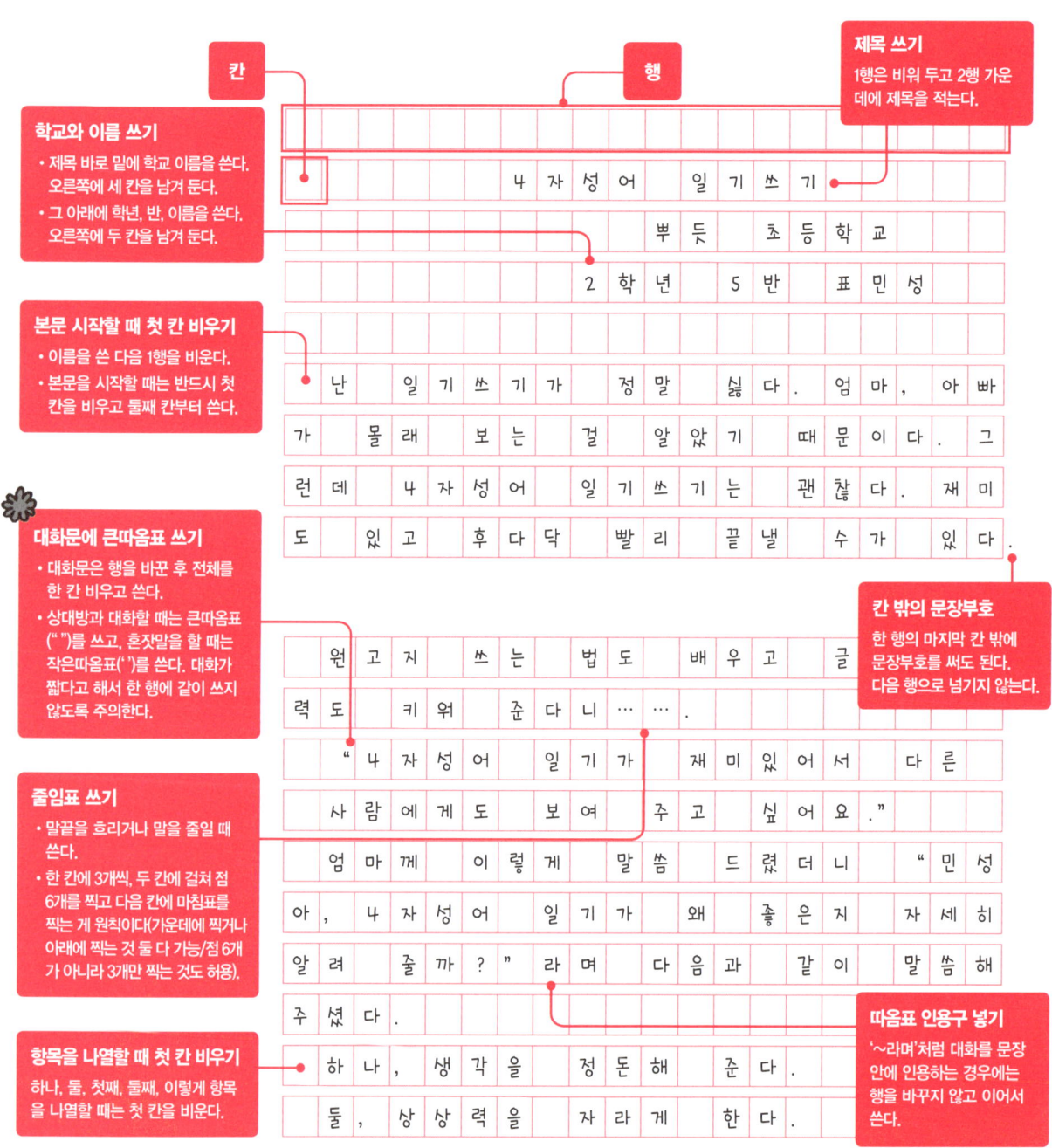

칸 / **행**

제목 쓰기
1행은 비워 두고 2행 가운데에 제목을 적는다.

학교와 이름 쓰기
- 제목 바로 밑에 학교 이름을 쓴다. 오른쪽에 세 칸을 남겨 둔다.
- 그 아래에 학년, 반, 이름을 쓴다. 오른쪽에 두 칸을 남겨 둔다.

본문 시작할 때 첫 칸 비우기
- 이름을 쓴 다음 1행을 비운다.
- 본문을 시작할 때는 반드시 첫 칸을 비우고 둘째 칸부터 쓴다.

대화문에 큰따옴표 쓰기
- 대화문은 행을 바꾼 후 전체를 한 칸 비우고 쓴다.
- 상대방과 대화할 때는 큰따옴표(" ")를 쓰고, 혼잣말을 할 때는 작은따옴표(' ')를 쓴다. 대화가 짧다고 해서 한 행에 같이 쓰지 않도록 주의한다.

칸 밖의 문장부호
한 행의 마지막 칸 밖에 문장부호를 써도 된다. 다음 행으로 넘기지 않는다.

줄임표 쓰기
- 말끝을 흐리거나 말을 줄일 때 쓴다.
- 한 칸에 3개씩, 두 칸에 걸쳐 점 6개를 찍고 다음 칸에 마침표를 찍는 게 원칙이다(가운데에 찍거나 아래에 찍는 것 둘 다 가능/점 6개가 아니라 3개만 찍는 것도 허용).

따옴표 인용구 넣기
'~라며'처럼 대화를 문장 안에 인용하는 경우에는 행을 바꾸지 않고 이어서 쓴다.

항목을 나열할 때 첫 칸 비우기
하나, 둘, 첫째, 둘째, 이렇게 항목을 나열할 때는 첫 칸을 비운다.

마침표, 쉼표는 반 칸 사용!
- 문장을 끝낼 때는 마침표(.)를, 문장 사이에 쉴 때는 쉼표(,)를 쓴다.
- 이 둘은 반 칸씩 사용하므로 다음 칸을 비우지 않는다.

느낌표, 물음표, 따옴표 모두 한 칸 사용!
- 느낌표와 물음표, 따옴표는 한 칸을 모두 차지한다.
- 따옴표와 마침표를 같이 쓸 때는 한 칸에 쓴다.
- 마침표(.)와 쉼표(,)는 반 칸만 사용하는 것에 주의하자.

숫자는 한 칸에 두 자나 한 자, 모두 가능!
- 숫자는 한 칸에 두 자씩 써도 되지만 경우에 따라 한 칸에 한 자씩 써도 된다.
- 알파벳도 마찬가지!

<뿌듯해 4자성어 일기쓰기> 누가 보면 좋을까?

<뿌듯해 4자성어 일기쓰기>는 초급, 중급, 고급으로 구성되어 있어요. 어느 단계든 여러분이 원하는 단계로 시작해도 괜찮아요. 아직 글쓰기가 익숙하지 않다면 '3행시 일기쓰기'에 먼저 도전해 보세요. 그 후 '4자성어 일기쓰기'를 시도한다면 자신감이 생길 거예요.

'4자성어 일기' 쓰고 '뿌듯해' 스티커를 붙이면?
100일 후 나만의 일기책 완성!

'4자성어 일기' 100일 과정을 끝내고 스티커 100개를 모두 붙였나요?
그렇다면 맨 뒤에 있는 표창장을 받을 자격이 있답니다.

스티커 붙이는 곳	스티커 붙이는 곳	스티커 붙이는 곳	스티커 붙이는 곳	스티커 붙이는 곳
1일 일사천리	11일 삼척동자	21일 이심전심	31일 자급자족	41일 애지중지
2일 일석이조	12일 반신반의	22일 시시비비	32일 불가사의	42일 열혈남아
3일 작심삼일	13일 자자손손	23일 백전백승	33일 비몽사몽	43일 사리분별
4일 사통팔달	14일 다사다난	24일 자유자재	34일 의기양양	44일 우유부단
5일 삼삼오오	15일 가가호호	25일 자신만만	35일 순진무구	45일 배은망덕
6일 오장육부	16일 일장일단	26일 백해무익	36일 산해진미	46일 대동단결
7일 칠전팔기	17일 우왕좌왕	27일 천차만별	37일 선남선녀	47일 산전수전
8일 십중팔구	18일 부전자전	28일 다다익선	38일 언행일치	48일 적반하장
9일 구사일생	19일 유유상종	29일 동문서답	39일 자수성가	49일 사농공상
10일 십년감수	20일 일생일대	30일 사사건건	40일 유구무언	50일 자포자기

<뿌듯해 4자성어 일기쓰기> 특장점 3가지

1 10분 안에 끝! 부담감이 없다!

2 하루 1장, 스티커 1개! 성취감 100배 급상승!

3 매주 '뿌듯해 백일장' 도전! 게임하듯 승부욕 뿜뿜!

51일 시기상조	61일 희로애락	71일 불철주야	81일 신출귀몰	91일 약육강식
52일 미사여구	62일 학수고대	72일 호형호제	82일 사상누각	92일 외유내강
53일 기상천외	63일 신토불이	73일 인지상정	83일 천하태평	93일 오만방자
54일 선견지명	64일 일파만파	74일 주마간산	84일 영구불변	94일 전무후무
55일 안하무인	65일 애매모호	75일 추풍낙엽	85일 대기만성	95일 살신성인
56일 결초보은	66일 위풍당당	76일 득의양양	86일 천하무적	96일 고성방가
57일 죽마고우	67일 인과응보	77일 일희일비	87일 기고만장	97일 만장일치
58일 속수무책	68일 어부지리	78일 이열치열	88일 감지덕지	98일 자초지종
59일 횡설수설	69일 거두절미	79일 반면교사	89일 독불장군	99일 유비무환
60일 박장대소	70일 승승장구	80일 소탐대실	90일 자화자찬	100일 백년해로

뿌듯해 꼬막상식 목차

일기도 쓰고! 지식도 쌓고! 1석2조!

하루 1장 '4자성어 일기' 주제와 연결되는 꼬막상식을 담았어요.
꼬리에 꼬리를 무는 지식을 마음껏 쌓아 보세요.

가나다순

〈겨울왕국〉 찐자매	87
〈시시비비〉 시를 쓴 김삿갓	37
100m 세계 신기록	88
4년마다 돌아오는 2월 29일	66
가부장제와 제사	28
갑질이란?	70
거짓말쟁이 VS 거짓말장이	53
건강 박수법	75
결정 장애	59
결초보은이 생긴 까닭은?	71
고성방가와 벌금	111
고양이의 수명	60
고집과 이통	45
곤충 세계의 천하무적 사마귀	101
구사일생과 비슷한 말	24
군대에 있는 기간은?	57
껌을 삼키면 소화하는 데 7년?	113
꽃말이 '영구불변'인 꽃은?	99
나비 효과	79
냉면이 겨울 음식?	93
담배는 언제 들어왔을까?	41
대동제	61
도마뱀의 꼬리 자르기	84
동방예의지국	44
동에 번쩍 서에 번쩍	96
두음 법칙	16
때와 미세먼지	50
로마의 오줌세	95
만장일치와 과반수	112
몇 살부터 어른이 될까?	46
모든 길은 로마로 통한다	19
미사어구 VS 미사여구	67
반면교사와 마오쩌둥	94
방자와 향단이	108

백년해로의 주인공은?	115
백사장? 흑사장?	97
부처님 오신 날	52
부처님의 몸에 사리가?	58
붕어빵의 원조는 도미빵	35
불에 탄 나무를 친환경 연료로!	73
빌보드차트	27
뿌린 대로 거둔다?	82
사람은 영장류	34
사람의 평균 수명은?	25
산수유의 꽃말은 '영원한 사랑'	56
산타클로스의 고향은?	103
살신성인 논개	110
삼척동자의 키는 약 90cm	26
세계 3대 작물은?	78
세계 7대 불가사의	47
세계 최대 동물원은?	106
세상에서 가장 비싼 그림은?	105
수영 최고령 금메달리스트	100
스마트폰을 만든 스티브 잡스	23
시험 응원 문구	114
심장에 좋은 음식	40
악성 댓글 조심	68
야간 궁궐이 궁금해?	86
약속 시간에 늦는 것도 습관?	55
어린이가 뽑은 최고의 과학자	92
어부지리 이야기	83
애매하다 VS 모호하다	80
오뚝이 정신	22
외강내유, 속은 여린 사람	107
외톨이 VS 외토리	104
우리나라 최초의 뉴스 방송	29
우스개소리 VS 우스갯소리	62
웃으면 건강해져요	76

유튜버 '흔한남매'	91
위풍당당 행진곡	81
이순신 장군의 육지 싸움	38
이이와 신사임당	69
일석이조와 일거양득	17
자린고비는 4자성어일까?	74
자세히 보아야 예쁘다	42
자유의 여신상은 프랑스 선물	39
작심삼일을 극복하려면?	18
적반하장과 비슷한 속담	63
조선 시대의 농사 책	64
조선 시대에 자수성가한 여성은?	54
죽마고우 오성과 한음	72
중국에서 온 4자성어	109
중국식 양념 통닭 깐풍기?	51
지게 모양을 닮은 한자는?	30
지금의 회전목마를 만든 사람	20
지혜의 책 《채근담》	65
천연 모기 퇴치제	32
초등학생의 수면 시간은?	48
추풍령 감자탕	90
탈모도 부전자전?	33
태극기 게양 시간	49
패키지여행	89
페르시안 고양이	102
한옥 골목 익선동	43
한의학과 오장육부	21
해바라기 씨를 좋아하는 햄스터	77
해외에서도 통하는 보디랭귀지	36
햇빛과 우울증	85
현빈의 본명은 김태평?	98
황희 정승의 아리송한 판결	31

년   월   일

한 일(一)   쏟을 사(瀉)   일천 천(千)   마을 리(里)

1일 | 4자성어 4행시 일기쓰기

 일 사 천 리

'일/사/천/리'는 '강물이 쏟아져 단번에 천 리를 간다'는 뜻이에요.
집에 오자마자 '일사천리'로 씻고, 숙제를 하고, 밥을 먹고, 이를 닦으면 얼마나 좋을까요?

일								
사								
천								
리								

 두음 법칙 : 두음은 단어의 첫소리를 가리켜요. 첫소리에 'ㄹ'이 오면 발음하기 힘들어서 'ㄴ'이나 'ㅇ'으로 바꾸어 발음하는 것을 말해요. '일/사/천/리'에서 '리'는 두음 법칙을 적용해서 '이'로 시작해도 괜찮아요.

년 월 일

한 일(一) 돌 석(石) 두 이(二) 새 조(鳥)

2일 | 4자성어 4행시 일기쓰기  일 석 이 조

'일/석/이/조'는 '돌 한 개를 던져 새 두 마리를 맞추어 떨어뜨리는 것'을 말해요.
4자성어 4행시를 쓰면 한자도 알고 글쓰기 실력도 늘어나니 '일석이조'예요.

	일							
	석							
	이							
	조							

 일석이조와 일거양득 : '일석이조(一石二鳥)'와 비슷한 말로 '일거양득(一擧兩得)'이 있어요. 일거양득은 한 번에 두 가지 이익을 얻는다는 뜻이에요. '꿩 먹고 알 먹고'란 말도 자주 써요.

년 월 일

지을 작(作) 마음 심(心) 석 삼(三) 날 일(日)

3일 | 4자성어 4행시 일기쓰기

작 심 삼 일

'작/심/삼/일'은 '무엇을 하기로 마음먹고 나서 3일을 못 간다'는 뜻이에요.
4자성어 4행시 일기쓰기가 '작심삼일'로 끝나지 않도록 단단히 결심해 보세요. 오늘 일기만 써도 훌륭해요!

작

심

삼

일

작심삼일을 극복하려면? : 무엇을 하기로 결심하고 나서 3일을 넘기기 힘들다면 차라리 3일마다 새롭게 결심하면 되지 않을까요? 결심! → 3일 → 결심! → 3일을 계속 반복하는 거예요.

년 월 일

넉 사(四)   통할 통(通)   여덟 팔(八)   통달할 달(達)

4일 | 4자성어 4행시 일기쓰기

사 통 팔 달

'사/통/팔/달'은 '사방(동, 서, 남, 북)과 팔방(동, 서, 남, 북, 동북, 동남, 서북, 서남)으로 통해 있다'는 뜻이에요. 막힘없이 다 통한다는 의미랍니다. 대전처럼 우리나라 어디든 쉽게 갈 수 있는 곳을 '사통팔달' 교통의 중심이라고 말해요.

	사								
	통								
	팔								
	달								

 모든 길은 로마로 통한다 : 수천 년 전부터 로마는 세계의 중심 도시였어요. 전차가 다니기 쉽게 길을 평평하게 만들었고, 나중에 이 길은 프랑스, 독일 등 유럽 전체로 뻗어 나갔어요. 그래서 모든 길은 로마로 통한다는 말이 생겼다고 해요.

년 월 일

5일 | 4자성어 4행시 일기쓰기

석 삼(三)　석 삼(三)　다섯 오(五)　다섯 오(五)

삼　삼　오　오

'삼/삼/오/오'는 '세 사람, 또는 다섯 사람이 무리를 지은 모양'을 뜻해요.
놀이공원에 가면 사람들이 '삼삼오오' 모여서 바이킹이나 회전목마를 타려고 기다리지요.

	삼								
	삼								
	오								
	오								

지금의 회전목마를 만든 사람 : 회전목마는 18세기 초 프랑스에서 만들어졌는데, 처음에는 사람이나 말의 힘(마력)으로 움직였대요. 그러다가 1814년 미국의 마이켈 던쳴이 지금의 회전목마와 비슷한 원리로 회전대를 개발하고 증기 또는 마력으로 움직이는 놀이기구를 만들었어요.

년   월   일   다섯 오(五)   오장 장(臟)   여섯 육(六)   육부 부(腑)

6일 | 4자성어 4행시 일기쓰기

오 장 육 부

'오/장/육/부'는 '사람의 내장을 모두 합친 것'을 말해요. 때로는 분노와 같은 다양한 마음 상태를 뜻하기도 해요. 선생님은 버릇없는 학생을 보면 '오장육부'가 부글대는데도 꾹 참아요.

오

장

육

부

한의학과 오장육부 : 한의학은 한국에서 옛날부터 내려온 의학이에요. 한의학에서 '오장(五臟)'은 간장, 심장, 비장, 폐장, 신장을 말하고 '육부(六腑)'는 대장, 소장, 쓸개, 위, 삼초, 방광을 말해요.

년   월   일

일곱 칠(七) 엎드러질 전(顚) 여덟 팔(八) 일어날 기(起)

7일 | 4자성어 4행시 일기쓰기

'칠/전/팔/기'는 '일곱 번 넘어져도 여덟 번째 일어난다'는 뜻이에요.
우리 삼촌은 '칠전팔기' 정신으로 매년 공무원 시험에 도전했어요. 그리고 올해 멋지게 합격했답니다.

	칠									
	전									
	팔									
	기									

오뚝이 정신 : 아기가 좋아하는 장난감 오뚝이는 아랫부분이 동그랗고 무거워서 아무렇게나 쓰러뜨려도 매번 다시 일어나요. 그래서 '칠전팔기(七顚八起)' 또는 '오뚝이' 정신을 가졌다고 말해요. 오뚝이(○)를 오뚜기(×)로 잘못 쓰는 경우가 많아요. 유명한 식품 회사 이름이 '오뚜기'라서 그런 것 같아요.

8일 | 4자성어 4행시 일기쓰기

열 십(十) 가운데 중(中) 여덟 팔(八) 아홉 구(九)

십 중 팔 구

'십/중/팔/구'는 '열에 여덟이나 아홉'이란 뜻이에요. 열 개 모두는 아니지만 거의 대부분을 가리킬 때 써요.
요즘 초등학생들은 '십중팔구' 최신형 스마트폰을 갖고 싶어 해요. 어른들도 마찬가지겠지요?

	십								
	중								
	팔								
	구								

꼬박상식 **스마트폰을 만든 스티브 잡스** : '애플'이란 회사를 만든 미국의 스티브 잡스는 2007년 아이폰을 발표하면서 스마트폰 시대를 열었어요. 우리나라의 삼성이 뒤를 이어 갤럭시 스마트폰을 판매하기 시작했고요. 두 회사의 스마트폰이 전 세계에서 1, 2위를 차지해요.

년 월 일

9일 | 4자성어 4행시 일기쓰기

아홉 구(九)　죽을 사(死)　한 일(一)　날 생(生)

구 사 일 생

'구/사/일/생'은 '아홉 번 죽음에 이르렀다가 한 번 살아난다'는 뜻이에요. 얼마 전 어떤 할머니가 물에 빠졌는데 입고 있던 패딩 점퍼 덕분에 '구사일생'으로 살아났어요. 패딩이 부풀면서 구명조끼 역할을 했다고 해요.

구

사

일

생

구사일생과 비슷한 말 : '구사일생(九死一生)'과 비슷한 뜻으로 기사회생(起死回生), 만사일생(萬死一生), 백사일생(百死一生), 십생구사(十生九死) 등이 있어요. 백사일생이라니, 구사일생보다 몇 배는 어렵게 살아나겠어요.

| 년 | 월 | 일 | 열 십(十) | 해 년(年) | 덜 감(減) | 목숨 수(壽) |

10일 | 4자성어 4행시 일기쓰기

십 년 감 수

'십/년/감/수'는 '사람의 수명에서 10년이 줄었다'는 뜻이에요. 몹시 위험한 일을 겪었을 때 쓰지만 너무 놀랐을 때도 써요. 제주도에 사는 이모는 1분만 늦었어도 집으로 돌아가는 비행기를 놓칠 뻔했다며 '십년감수'했대요.

십

년

감

수

사람의 평균 수명은? : 사람의 평균 수명은 점점 늘고 있어요. 세계보건기구(WHO)에 따르면 우리나라 평균 수명은 2017년 기준 남자 79.7세, 여자 85.7세로 OECD 회원국의 평균 수명보다 남자는 1.4년, 여자는 2.3년이 더 높아요.

11일 · 4자성어 4행시 일기쓰기

석 삼(三)　자 척(尺)　아이 동(童)　아들 자(子)

삼 척 동 자

'삼/척/동/자'는 '키가 석 자밖에 되지 않는 철없는 아이'란 뜻이에요. 한 자는 약 30cm에 해당하니까 석 자는 약 90cm 예요. 석 자는 곧 삼 척과 같답니다. 따라서 '삼척동자'는 5~6세 정도 아이를 가리켜요. 아이들도 아는 사실을 어른들이 모를 때 '삼척동자'도 아는 사실이라고 해요.

	삼								
	척								
	동								
	자								

삼척동자의 키는 약 90cm : '삼척동자(三尺童子)'에서 '척(尺)'은 길이를 나타내는 단위로, 엄지손가락부터 가운뎃손가락 끝까지의 길이를 말해요. 처음에 한 척은 18cm였지만 점점 길어져서 약 30cm가 되었다고 해요.

12일 | 4자성어 4행시 일기쓰기

년 월 일

반 반(半) 믿을 신(信) 반 반(半) 의심할 의(疑)

반 신 반 의

'반/신/반/의'는 '반은 믿고 반은 의심한다'는 뜻이에요. 진짜인지 아닌지 헷갈릴 때 써요. 모든 국민이 '반신반의'했지만, 방탄소년단(BTS)은 정말로 미국 빌보드차트에서 멋지게 1위를 차지했어요.

	반								
	신								
	반								
	의								

꼬학상식

빌보드차트 : 미국 빌보드 매거진에서 발표하는 대중음악 순위표예요. 원더걸스의 '노바디'란 곡이 한국 최초로 순위에 올랐어요. 그리고 싸이의 '강남스타일'이 아시아 노래 중에서 가장 오랜 기간 100위 안에 있었어요.

13일 | 4자성어 4행시 일기쓰기

아들 자(子)　아들 자(子)　손자 손(孫)　손자 손(孫)

자　자　손　손

'자/자/손/손'은 '자손의 여러 대'를 뜻해요. 할아버지, 아버지, 아들까지 '자자손손' 이어지는 것 중 하나가 제사예요. 엄마들은 왜 제사를 싫어할까요? 아마도 제사 음식 준비가 힘들어서일 거예요.

	자								
	자								
	손								
	손								

가부장제와 제사 : 제사는 돌아가신 조상님의 은혜를 기리는 행사예요. 여기서 조상님은 아빠의 조상을 말하고 엄마의 조상에게는 제사를 지내지 않아요. 이렇게 남성이 가족의 대표가 되는 것을 가부장제라고 해요. 제사는 가부장제에서 나왔어요.

14일 | 4자성어 4행시 일기쓰기

많을 다(多)　일 사(事)　많을 다(多)　어려울 난(難)

다 사 다 난

'다/사/다/난'은 '일도 많고 어려움도 많다'는 뜻이에요.
해마다 12월 마지막 날이면 뉴스에서 아나운서가 "올해도 정말 '다사다난'한 해였습니다."라고 말해요.

	다								
	사								
	다								
	난								

꼬막상식 · 우리나라 최초의 뉴스 방송 : 1970년 첫 방송된 MBC '뉴스데스크'가 최초의 뉴스 방송이었어요. 이때는 뉴스를 밤 10시 30분에 방송했어요. 지금은 하루 종일 뉴스만 방송하는 곳도 있어요. 방송국마다 뉴스 시간대도 달라요.

15일 | 4자성어 4행시 일기쓰기

년 월 일

집 가(家) 집 가(家) 집 호(戶) 집 호(戶)

가 가 호 호

'가/가/호/호'는 '집집마다'란 뜻이에요. 어린이날에는 누군가 '가가호호' 선물을 보내 주었으면 좋겠어요. 한 집도 빠짐없이 말이에요. 어린이날에 어떤 선물을 받고 싶나요?

가

가

호

호

지게 모양을 닮은 한자는? : '가가호호(家家戶戶)'에서 '호(戶)'는 옛날 사람들이 짊어지던 지게 모양을 본떠 만든 한자라서 '집' 외에 '지게'라는 뜻도 있어요. 문 모습과도 비슷해서 문이라는 뜻도 가지게 되었어요. 모든 집을 하나도 빠짐없이 강조하려고 '집 가(家)'와 겹쳐서 4자성어가 되었어요.

년 월 일   한 일(一)   길 장(長)   한 일(一)   짧을 단(短)

16일 | 4자성어 4행시 일기쓰기

일 장 일 단

'일/장/일/단'은 '긴 것도 있고 짧은 것도 있다, 즉 장점과 단점이 있다'는 뜻이에요.
사람은 누구나 장점과 단점이 있어요. 그러니까 너무 잘난 척하거나 풀 죽을 필요가 없어요.

	일								
	장								
	일								
	단								

 **황희 정승의 아리송한 판결** : 어느 날 하인들이 차례대로 억울하다며 황희 정승을 찾아왔어요. 황희 정승은 하인들의 이야기를 다 듣고는 "네 말도 맞고 네 말도 맞다."라고 했어요. 저마다 '일장일단(一長一短)'이 있고 옳고 그름을 가리기 힘들어서 이렇게 말했겠지요?

17일 | 4자성어 4행시 일기쓰기

년 월 일

오른쪽 우(右) 갈 왕(往) 왼쪽 좌(左) 갈 왕(往)

우 왕 좌 왕

'우/왕/좌/왕'은 '왼쪽으로 갔다가 오른쪽으로 갔다가, 이리저리 왔다 갔다 하며 방향을 잡지 못하는 모습'을 뜻해요. 여름에 모기가 들어왔다고 '우왕좌왕'하지 말고 잽싸게 살충제를 뿌리면 어떨까요?

	우							
	왕							
	좌							
	왕							

천연 모기 퇴치제 : 모기는 계피와 허브를 싫어한다고 해요. 아기가 있는 집은 독한 살충제 대신 계피를 활용해서 천연 모기 퇴치제를 만들어 쓰는 것이 좋아요.

년 월 일

아비 부(父) 전할 전(傳) 아들 자(子) 전할 전(傳)

18일 | 4자성어 4행시 일기쓰기

부 전 자 전

'부/전/자/전'은 '대대로 아버지가 아들에게 전하는 것'을 뜻해요. 사람들은 내가 아빠와 똑같이 닮았대요. 얼굴 생김새, 걸음걸이 등등. 그래서 그 아버지에 그 아들, '부전자전'인가 봐요.

	부								
	전								
	자								
	전								

탈모도 부전자전? : '탈모(脫毛)'는 '털이 탈락한다'는 뜻으로 머리카락이 빠져서 머리숱이 줄어드는 걸 말해요. 탈모는 남자는 물론 여자에게도 생길 수 있고 유전, 스트레스, 영양실조 등 원인도 다양해요. 머리카락이 지나치게 많이 빠지면 병원에 가는 게 좋아요.

년 월 일

19일 | 4자성어 4행시 일기쓰기

무리 유(類)　무리 유(類)　서로 상(相)　좇을 종(從)

유 유 상 종

'유/유/상/종'은 '같은 무리가 서로 오가며 만나는 것'을 뜻해요.
상대방이 어떤 사람인지 알고 싶다면 주변의 친구를 살펴보면 돼요. 친구들은 '유유상종'이거든요.

	유							
	유							
	상							
	종							

사람은 영장류 : '영장류(靈長類)'는 약 8,500만~5,500만 년 전에 나타났어요. 영장류는 뇌와 시각이 발달했고 사람을 포함해 원숭이, 고릴라, 침팬지 등 300종 가까이 된다고 해요. 이 중에서 사람을 따로 구분해 '인류(人類)'라고 불러요.

20일 | 4자성어 4행시 일기쓰기

년 월 일

한 일(一) 날 생(生) 한 일(一) 시대 대(代)

일 생 일 대

'일/생/일/대'는 '한 사람이 태어나서 죽을 때까지'를 뜻해요. 할아버지는 '일생일대' 가장 잘한 일이 아빠를 낳고 손자인 나를 본 거라고 하세요. 그러면서 아빠와 내가 붕어빵이래요. 내가 보기엔 할아버지와 아빠가 붕어빵이에요.

일

생

일

대

붕어빵의 원조는 도미빵 : 붕어빵은 19세기 일본의 '도미빵'에서 유래했어요. 당시 일본에서 도미는 귀한 생선이라 쉽게 먹을 수 없어서 대신 도미를 닮은 빵을 만들어 먹었대요. 이것이 1930년대 한국에 들어와 붕어빵이 되었어요.

년 월 일

21일 | 4자성어 4행시 일기쓰기

써 이(以) 마음 심(心) 전할 전(傳) 마음 심(心)

이 심 전 심

'이/심/전/심'은 '마음과 마음이 통하여 전달되는 것'을 뜻해요.
나와 단짝 친구는 '이심전심'이라서 수업만 끝나면 서로 약속도 안 했는데 곧장 떡볶이를 먹으러 가요.

	이								
	심								
	전								
	심								

 해외에서도 통하는 보디랭귀지 : 영어를 못 해도 얼마든지 해외여행을 갈 수 있어요. 몸짓언어인 보디랭귀지 덕분이지요. 손짓과 표정만으로도 충분히 나의 뜻을 전할 수 있어요.

년 월 일   옳을 시(是)   옳을 시(是)   아닐 비(非)   아닐 비(非)

22일 | 4자성어 4행시 일기쓰기

시 시 비 비

'시/시/비/비'는 '옳은 것과 옳지 않은 것을 가리는 것'을 말해요.
만약 편의점에서 1+1 상품인데 초등학생이라고 하나만 줬다면 '시시비비'를 가려야 하겠지요?

	시								
	시								
	비								
	비								

 **꼬막상식** 〈시시비비〉 시를 쓴 김삿갓 : 조선 순조 임금 때 김삿갓이란 사람이 있었어요. 백성들의 어려운 삶을 위로하는 시를 써서 유명했지요. 그중에는 〈시시비비(是是非非)〉란 시도 있어요.

23일 | 4자성어 4행시 일기쓰기

일백 백(百) 싸움 전(戰) 일백 백(百) 이길 승(勝)

백 전 백 승

'백/전/백/승'은 '백 번 싸워서 백 번 이긴다, 즉 모든 싸움에서 이긴다'는 뜻이에요. 이순신 장군은 '백전백승'의 주인공이에요. 그렇다고 100번 싸운 것은 아니고 임진왜란 당시 23번 싸워서 23번 모두 이겼어요.

	백								
	전								
	백								
	승								

이순신 장군의 육지 싸움 : 이순신 장군은 임진왜란 때 바다에서 싸우는 해전(海戰)에서는 '백전백승(百戰百勝)'을 거두었지만, 육지에서 벌어진 전쟁에서는 여진족의 기습을 받았어요. 이 일로 억울하게 벼슬에서 쫓겨나 병졸로 백의종군(白衣從軍)하게 되었어요.

년 월 일

스스로 재(自) 말미암을 유(由) 스스로 재(自) 있을 재(在)

24일 | 4자성어 4행시 일기쓰기

자 유 자 재

'자/유/자/재'는 '자기 마음대로 할 수 있는 것'을 말해요. 내 방 안의 물건들을 '자유자재'로 놔두면 안 될까요?
왜 엄마는 매일 방을 어지른다고 혼을 내실까요?

자

유

자

재

 자유의 여신상은 프랑스 선물 : 미국을 상징하는 자유의 여신상은 1886년 프랑스가 미국 독립 100주년을 기념해서 선물했어요. 1984년 유네스코 세계유산으로도 지정되었어요.

25일 — 4자성어 4행시 일기쓰기

스스로 자(自) 믿을 신(信) 가득 찰 만(滿) 가득 찰 만(滿)

자 신 만 만

'자/신/만/만'은 '자신감이 가득 차 있다'는 뜻이에요. 내 친구 수민이는 친구들 앞에서 발표할 때마다 '자신만만'해서 부러워요. 나는 사람들 앞에만 서면 심장이 콩닥콩닥 뛰는데….

	자							
	신							
	만							
	만							

심장에 좋은 음식 : 심장 건강을 위해 운동은 물론 좋은 음식을 먹어야 해요. 튀김과 밀가루, 소시지는 심장에 안 좋아요. 대신 과일과 아몬드, 호두, 생선을 먹으면 심장이 튼튼해져요.

년 월 일   일백 백(百) 해로울 해(害) 없을 무(無) 더할 익(益)

26일 | 4자성어 4행시 일기쓰기

백 해 무 익

'백/해/무/익'은 '백 가지 해로움만 있을 뿐, 이익은 없다'는 뜻이에요. 담배는 '백해무익'해요. 한번 피우면 끊지 못하고 많은 병의 원인이 되니까요. 어른들은 왜 담배를 끊지 못할까요?

	백							
	해							
	무							
	익							

담배는 언제 들어왔을까? : 담배는 조선 시대 임진왜란 때 일본으로부터 고추, 호박 등과 함께 들어왔어요. 당시에는 담배를 남령초, 연주, 담바구로 불렀어요. 신분에 따라 담뱃대 길이도 달라졌어요.

27일 | 4자성어 4행시 일기쓰기

년 월 일

일천 천(千) 다를 차(差) 일만 만(萬) 다를 별(別)

천 차 만 별

'천/차/만/별'은 '모든 것에는 차이와 구별이 있다'는 뜻이에요.
필기도구를 살 때마다 색상부터 모양까지 '천차만별'이라서 뭘 사야 할지 모르겠어요. 갖고 싶은 것이 너무 많아요.

	천								
	차								
	만								
	별								

 꼬학 상식

자세히 보아야 예쁘다 : 나태주 시인의 시 <풀꽃>에 나온 말이에요. "자세히 보아야 예쁘다/오래 보아야 사랑스럽다/너도 그렇다" 우리는 모두 '천차만별(千差萬別)'이라 다 예쁘고 사랑스러워요.

28일 | 4자성어 4행시 일기쓰기

많을 다(多) 많을 다(多) 더할 익(益) 좋을 선(善)

다 다 익 선

'다/다/익/선'은 '많으면 많을수록 더욱 좋다'는 뜻이에요. 초등학생들에게 장난감과 게임기는 '다다익선'이에요. 어린이날에도 크리스마스에도 생일에도 선물로 받고 싶어요.

	다							
	다							
	익							
	선							

한옥 골목 익선동 : 서울시 종로구에 있는 익선동은 한자도 '다다익선(多多益善)'의 '익선(益善)'과 같아요. 익선동은 한옥과 골목이 어우러져 관광객이 자주 찾는 동네랍니다.

년 월 일

29일 | 4자성어 4행시 일기쓰기

동녘 동(東) 물을 문(問) 서녘 서(西) 대답 답(答)

동 문 서 답

'동/문/서/답'은 '동쪽을 묻는데 서쪽을 답하다'란 뜻이에요.
질문을 제대로 이해하지 못해서 엉뚱한 대답을 할 때 쓰는 말이에요.

	동						
	문						
	서						
	답						

 동방예의지국 : 중국 사람들은 우리나라를 동쪽의 예의 바른 나라라는 뜻으로 '동방예의지국(東方禮儀之國)'이라고 불렀어요. 서로 양보하는 우리나라의 풍속이 아름다워서 이렇게 불렸다고 해요.

30일 | 4자성어 4행시 일기쓰기

년 월 일

일 사(事)   일 사(事)   물건 건(件)   물건 건(件)

'사/사/건/건'은 '모든 일, 갖가지 사건'을 뜻해요. 방학 때 동생과 함께 지내는 시간이 길어지면 '사사건건' 다투게 돼요. 동생이 말도 안 되는 고집을 피울 때면 어떻게 해야 할지 모르겠어요.

	사								
	사								
	건								
	건								

꼬뮈상식 고집과 이통 : '고집(固執)'은 자신의 의견을 바꾸거나 고치지 않고 계속 버티는 것을 말해요. 고집과 같은 뜻으로 '이통'이 있어요. 내 동생은 이통이 너무 세고 천방지축 개구쟁이예요.

년 월 일

31일 | 4자성어 4행시 일기쓰기

스스로 자(自) 공급할 급(給) 스스로 자(自) 족할 족(足)

'자/급/자/족'은 '자신이 필요한 것을 스스로 만들어 쓰며 만족하는 것'을 말해요.
아직은 초등학생이라 부모님의 보살핌을 받고 있지만, 어른이 되면 일을 해서 '자급자족'하고 싶어요.

자							
급							
자							
족							

몇 살부터 어른이 될까? : 미국에서는 태어난 후 12개월이 지나야 한 살이 되지만, 우리나라에서는 태어나자마자 한 살로 인정해 주어요. 그래서 우리나라에서는 만으로 열아홉 살이 되면 어른이 돼요.

년 월 일 아닐 불(不) 옳을 가(可) 생각 사(思) 의논할 의(議)

32일 | 4자성어 4행시 일기쓰기

 불 가 사 의

'불/가/사/의'는 '상상조차 할 수 없는 놀라운 무엇'을 뜻해요. 외계인을 만났다거나 UFO를 봤다는 사람도 있는데, 정말 '불가사의'해요. 나는 가끔 '불가사리'와 '불가사의'가 헷갈려요.

	불							
	가							
	사							
	의							

 세계 7대 불가사의 : 인간이 만들었다고 생각할 수 없을 만한 놀라운 건축물을 말해요. ① 이집트의 피라미드, ② 바빌론의 공중 정원, ③ 올림피아의 제우스 신상, ④ 에페소스의 아르테미스 신전, ⑤ 할리카르나소스의 마우솔레움, ⑥ 로도스의 거상, ⑦ 알렉산드리아의 등대가 그 주인공이에요. 현재는 피라미드만 남아 있어요.

33일 | 4자성어 4행시 일기쓰기

아닐 비(非) 꿈 몽(夢) 닮을 사(似) 꿈 몽(夢)

비 몽 사 몽

'비/몽/사/몽'은 '꿈인지 현실인지 모르는 상태'를 말해요. 밤에 늦게 자면 아침에 '비몽사몽'이에요. 그래서 수업 시간에도 계속 꾸벅꾸벅 졸게 돼요.

	비								
	몽								
	사								
	몽								

초등학생의 수면 시간은? : 미국 수면재단에서 10~13세 초등학생에게 권유하는 수면 시간은 9~11시간이에요. 수면 시간이 짧을수록 살이 찌기 쉽대요. 잠들고 일어나는 시간을 일정하게 정하는 습관이 필요해요.

년 월 일   뜻 의(意) 기운 기(氣) 날릴 양(揚) 날릴 양(揚)

34일 | 4자성어 4행시 일기쓰기  의 기 양 양

'의/기/양/양'은 '뜻한 바를 이루어 자랑스러운 모양'을 말해요.
올림픽이나 월드컵에 참가하는 선수들은 경기장에 입장할 때 '의기양양'하게 들어와요.

	의								
	기								
	양								
	양								

 태극기 게양 시간 : 태극기는 '게양(揭揚)'한다고 말해요. 집에서는 국경일 등에만 태극기를 게양하고 국가 공공기관은 365일 게양해요. 학교와 군 부대에서는 교육적인 목적 때문에 낮에만 게양해요.

년 월 일

35일 | 4자성어 4행시 일기쓰기

순수할 순(純) 참 진(眞) 없을 무(無) 때 구(垢)

순 진 무 구

'순/진/무/구'는 '마음이 순수하고 참되며 때가 없이 깨끗함'을 뜻해요.
어른들은 나에게 '순진무구'한 아이라고 하지만, 나는 갓난아이를 볼 때 '순진무구'란 말이 떠올라요.

	순								
	진								
	무								
	구								

때와 미세먼지 : 피부는 상피세포로 이루어져 있는데, 이 상피세포가 죽으면 딱딱한 각질이 돼요. 이 각질과 미세먼지가 만나면 바로 얼룩덜룩 때가 된답니다. 때에는 세균도 있지만 피부를 보호하는 물질도 함께 있어서 피부 건강을 지켜 주는 역할도 한대요.

년 월 일

메 산(山)　바다 해(海)　보배 진(珍)　맛 미(味)

36일 | 4자성어 4행시 일기쓰기

산 해 진 미

'산/해/진/미'는 '산과 바다에서 나는 귀한 음식'을 말해요. 이번 외할아버지 칠순 잔칫날에는 외갓집에 가서 갈비, 삼계탕, 초밥, 탕수육, 깐풍기, 양장피 등 '산해진미'를 실컷 먹었어요.

	산								
	해								
	진								
	미								

꼭꼭 상식 **중국식 양념 통닭 깐풍기?** : '깐풍'은 한자로 '건팽(乾烹)'이에요. 졸여 낸다는 뜻의 '건(乾)'과 볶는다는 뜻의 '팽(烹)'에, 닭고기의 '계(鷄)'가 합쳐져서 깐풍기가 되었어요. 마치 중국식 양념 통닭 같아요.

년 월 일

착할 선(善) 사내 남(男) 착할 선(善) 여자 녀(女)

37일 | 4자성어 4행시 일기쓰기

선 남 선 녀

'선/남/선/녀'는 '착한 남자와 착한 여자'를 뜻해요. 불교에서는 부처님의 가르침을 믿고 따르는 사람을 말해요. 할머니는 드라마에 나오는 배우들을 볼 때마다 '선남선녀' 같다고 하세요.

	선								
	남								
	선								
	녀								

 부처님 오신 날 : 음력 4월 8일(사월 초파일)은 부처님이 탄생한 날이에요. 이날 절에서는 연꽃 모양으로 만든 연등을 달고, 많은 사람이 모여서 행사를 열어요.

38일 | 4자성어 4행시 일기쓰기

말씀 언(言)　행동 행(行)　한 일(一)　이를 치(致)

언 행 일 치

'언/행/일/치'는 '말과 행동이 같음'을 말해요. 말만 번지르르하게 하고 행동하지 않으면 믿을 수 없어요.
'언행일치'가 안 되는 사람은 거짓말쟁이예요.

언

행

일

치

꼬마상식 거짓말쟁이 VS 거짓말장이 : 거짓말쟁이(○)가 맞고 거짓말장이(×)는 틀려요. 뒤에 '장이'가 붙으면 기술자란 뜻이에요. 예) 대장장이, 간판장이, 옹기장이

39일 | 4자성어 4행시 일기쓰기

스스로 자(自) 손 수(手) 이룰 성(成) 집 가(家)

자 수 성 가

'자/수/성/가'는 '스스로 집안을 일으켜 세운다'는 뜻이에요. 현대 그룹을 창업한 정주영 회장은 집이 가난해서 초등학교만 나왔지만 우리나라에서 '자수성가'한 대표적인 인물이 되었어요.

	자							
	수							
	성							
	가							

조선 시대에 자수성가한 여성은? : 제주도에서 태어난 고아 만덕은 재물을 모으는 데 재주가 있었어요. 정조 임금 때 제주에 큰 흉년이 들어서 사람들이 굶어 죽자, 자신의 재산을 털어 사람들을 도와주었어요. 이 소식을 들은 정조 임금은 크게 칭찬하며 만덕을 한양으로 불러서 상을 주었어요.

40일 | 4자성어 4행시 일기쓰기

있을 유(有)　입 구(口)　없을 무(無)　말씀 언(言)

유 구 무 언

'유/구/무/언'은 '입은 있어도 할 말이 없다'는 뜻이에요. 내가 잘못한 것이 너무나 분명하면 변명할 말이 없어요. 친구와 만나기로 약속한 시간보다 1시간이나 늦었다면 '유구무언'이겠지요?

	유								
	구								
	무								
	언								

약속 시간에 늦는 것도 습관? : 약속 시간에 늘 늦는 사람들은 뭐든 미루는 습관이 있어요. 미루고 미루다가 항상 늦게 집에서 나서지요. 시간 약속을 지키지 않는 사람은 친구들에게 미움을 받기 쉬워요.

년 월 일

41일 | 4자성어 4행시 일기쓰기

사랑 애(愛) 것 지(之) 무거울 중(重) 것 지(之)

애 지 중 지

'애/지/중/지'는 '어떤 대상을 사랑하고 귀중하게 여기는 것'을 말해요. 우리 엄마와 아빠는 나를 '애지중지' 키우셨어요. 나도 우리 강아지를 '애지중지' 여겨요.

애

지

중

지

🗲 **꼭꼭 알식** **산수유의 꽃말은 '영원한 사랑'** : 산수유는 봄에 노란색 꽃을 피우고 가을엔 빨간색 열매를 맺어요. 산수유꽃과 '영원한 사랑'이라는 꽃말을 적은 카드를 부모님께 드리고 싶어요.

년 월 일   더울 열(熱)   피 혈(血)   사내 남(男)   아이 아(兒)

42일 | 4자성어 4행시 일기쓰기 | 열 혈 남 아

'열/혈/남/아'는 '혈기가 뜨거운 남자'를 뜻해요. <열혈남아>란 영화도 있고 아이돌 그룹도 있어요.
이름만 들어도 남자가 주인공이란 것을 알 수 있지요.

	열								
	혈								
	남								
	아								

군대에 있는 기간은? : 우리나라 남자는 성인이 되면 군대에 가요. 6.25 전쟁 직후에는 36개월 동안 군대에 가야 했어요. 그러다가 지금은 육군은 18개월, 해군은 20개월, 공군은 21개월(공군은 더 줄어들 예정) 동안 군대에서 생활해요.

43일 | 4자성어 4행시 일기쓰기 | HOHO **사 리 분 별**

일 사(事)　이치 리(理)　나눌 분(分)　분별할 별(別)

'사/리/분/별'은 '일의 이치, 옳고 그름을 구별하고 나눈다'는 뜻이에요.
길을 가다가 모르는 사람이 같이 가자고 하면 '사리분별'을 잘해서 절대 따라가지 않도록 해요.

	사							
	리							
	분							
	별							

 부처님의 몸에 사리가? : '사리분별(事理分別)'의 사리(事理)와 다른 사리(舍利)가 있어요. 부처님처럼 수련을 많이 한 분들이 돌아가신 후 화장하면 몸에서 나오는 구슬을 말해요.

년   월   일

넉넉할 우(優) 부드러울 유(柔) 아닐 부(不) 끊을 단(斷)

44일 | 4자성어 4행시 일기쓰기

우 유 부 단

'우/유/부/단'은 '어물어물 망설이기만 하고 끊지 못한다'는 뜻이에요.
성격이 '우유부단'하면 어떤 결정을 내리기 힘들어요. 이렇게 할까, 저렇게 할까 늘 망설이지요.

	우								
	유								
	부								
	단								

결정 장애 : 결정 장애는 어떤 선택을 해야 하는 상황에서 쉽게 결정을 내리지 못하는 것을 말해요. 음식점에 메뉴가 너무 많으면 결정하기 힘들어요. 중국집에 가면 짬뽕과 짜장면 중 뭘 먹어야 할지 고르기 어려워요.

45일 | 4자성어 4행시 일기쓰기

년 월 일

배신할 배(背) 은혜 은(恩) 잊을 망(忘) 덕 덕(德)

배 은 망 덕

'배/은/망/덕'은 '남에게 받았던 은혜와 덕을 잊어버리고 배신한다'는 뜻이에요. 집 앞 놀이터에서 만난 길고양이는 아무리 맛있는 걸 줘도 다 먹고 난 뒤에는 언제 그랬냐는 듯 모른 척해요. 참 '배은망덕'한 고양이예요.

배

은

망

덕

고양이의 수명 : 집고양이의 수명은 15~20년이에요. 고양이도 사람처럼 수명이 늘어나고 있어요. 고양이는 1년에 2~3회 임신하고 한 번에 4~6마리의 새끼를 낳아요.

년 월 일

큰 대(大)　한 가지 동(同)　모일 단(團)　맺을 결(結)

46일 | 4자성어 4행시 일기쓰기

대 동 단 결

'대/동/단/결'은 '여러 사람들이 한 가지 목적을 위해 하나로 뭉친다'는 뜻이에요.
우리 집 식구들은 이번 여름 복날에 삼계탕으로 '대동단결'했어요.

	대								
	동								
	단								
	결								

 대동제 : 어떤 단체가 모여서 커다란 행사를 열 때 '대동제(大同祭)'를 연다고 해요. 대학 축제에도 '대동제'라는 말을 자주 써요.

47일 | 4자성어 4행시 일기쓰기

메 산(山)　싸움 전(戰)　물 수(水)　싸움 전(戰)

산 전 수 전

'산/전/수/전'은 '산에서도 싸우고 물에서 싸운다'는 뜻이에요. 여러 가지 시련을 겪으며 고생했다는 의미예요. 삼촌은 군대에서 '산전수전'은 물론, 공중전까지 경험했다고 우스갯소리로 자랑하곤 해요.

	산								
	전								
	수								
	전								

 우스개소리 VS 우스갯소리 : 우스개소리(×)가 아니라 우스갯소리(○)라는 것을 기억하세요. 남을 웃기려고 하는 말이랍니다. 비슷한 말은 영어로 개그(Gag), 조크(Joke)가 있어요.

년 월 일

도둑 적(賊) 돌이킬 반(反) 꾸짖을 하(荷) 지팡이 장(杖)

48일 | 4자성어 4행시 일기쓰기

적 반 하 장

'적/반/하/장'은 '도둑이 오히려 몽둥이를 잡고 주인 행세를 한다'는 뜻이에요. 잘못한 사람이 잘한 사람을 오히려 나무랄 때 쓰지요. 검은색 소파에 몰래 코딱지를 묻힌 동생이 오히려 큰소리치며 안 그랬다고 하는 걸 보니 '적반하장'이에요.

	적								
	반								
	하								
	장								

적반하장과 비슷한 속담 : '방귀 뀐 놈이 성낸다'란 속담이 '적반하장(賊反荷杖)'과 비슷한 말이에요. 속담은 옛날부터 내려온 교훈을 담고 있거나 세상일을 풍자하는 말이에요. 옛날에도 자기가 잘못하고서 큰소리치는 사람들이 많았나 봐요.

년 월 일

선비 사(士) 농사 농(農) 장인 공(工) 장사 상(商)

49일 | 4자성어 4행시 일기쓰기

'사/농/공/상'은 '선비, 농민, 장인, 상인'을 뜻해요. 선비는 학자, 농민은 농부, 장인은 기술자, 상인은 장사꾼이지요. 고려 시대와 조선 시대에 살던 사람들의 직업에 따른 신분 제도를 가리켜요.

	사								
	농								
	공								
	상								

 조선 시대의 농사 책 : 조선 시대에는 선비 다음으로 농민을 중요하게 생각했어요. 농사를 잘 지어야 나라가 풍요로워졌기 때문이에요. 그래서 세종 대왕은 정초와 변효문에게 농사 정보를 모으게 한 뒤, 그중에서 가장 중요한 내용만 담아 《농사직설》이란 책을 만들었어요.

년 월 일 스스로 자(自) 사나울 포(暴) 스스로 자(自) 버릴 기(棄)

50일 | 4자성어 4행시 일기쓰기  자 포 자 기

'자/포/자/기'는 '자신을 스스로 사납게 대하고 버린다'는 뜻이에요.
《채근담》이란 책에는 일이 잘 안 되더라도 '자포자기'하지 말라는 내용이 나와요.

	자							
	포							
	자							
	기							

 지혜의 책 《채근담》 : 《채근담》은 중국 명나라 때 사람인 홍자성이 쓴 책이에요. 1편에서는 인간관계에 대한 이야기를 썼고, 2편에서는 자연에 대한 즐거움을 썼어요. 온갖 고생을 경험한 지은이가 인생의 깨달음을 정리한 책이에요.

년 월 일

때 시(時)   기회 기(機)   오히려 상(尙)   이를 조(早)

51일 | 4자성어 4행시 일기쓰기

시 기 상 조

'시/기/상/조'는 '적절한 기회가 아직 오지 않았다'는 뜻이에요.
봄이 아직 오지 않았는데 2월에 핀 개나리와 진달래는 '시기상조'예요.

시

기

상

조

4년마다 돌아오는 2월 29일 : 2월이 28일까지 있는 해도 있고 29일까지 있는 해도 있어요. 2월 29일은 4년에 한 번씩 돌아와요. 이런 해를 '윤년(閏年)'이라고 하는데, 윤년은 365일이 아니라 366일이에요.

년 월 일

아름다울 미(美) 말씀 사(辭) 고울 여(麗) 글귀 구(句)

52일 | 4자성어 4행시 일기쓰기

미 사 여 구

'미/사/여/구'는 '아름다운 말로 꾸민 고운 글'을 말해요. 내용은 없으면서 겉만 아름다울 때 자주 써요. 인터넷에서는 물건을 팔 때 온갖 '미사여구'를 갖다 붙여요.

미

사

여

구

꼬딱 상식 — **미사어구 VS 미사여구** : 간혹 미사어구(×)라고 쓰는 친구가 있어요. 미사어구가 아니라 미사여구(○)라고 쓰는 것, 잊지 마세요.

53일 | 4자성어 4행시 일기쓰기

기이할 기(奇) 생각 상(想) 하늘 천(天) 바깥 외(外)

'기/상/천/외'는 '생각이 기발하고 범위가 넓어 짐작하기 어렵다'는 뜻이에요.
인터넷에는 '기상천외'한 댓글들이 많아요. 어떻게 그런 재미있는 생각을 하는 건지 신기해요.

	기								
	상								
	천								
	외								

 악성 댓글 조심 : 악성 댓글은 인터넷에서 글 또는 사진을 보고 비웃거나 안 좋은 이야기를 댓글로 남기는 것을 말해요. 악성 댓글은 남에게 상처를 줄 뿐만 아니라, 명예훼손 또는 모욕죄가 될 수 있으니 하지 않도록 해요.

년 월 일

먼저 선(先)　볼 견(見)　어조사 지(之)　밝을 명(明)

54일 | 4자성어 4행시 일기쓰기

'선/견/지/명'은 '앞을 내다보는 안목'이라는 뜻이에요. 율곡 이이는 임진왜란이 일어날 것을 내다보고 군대를 늘리자고 말했어요. 그야말로 '선견지명'을 가졌다고 할 수 있지요.

	선								
	견								
	지								
	명								

 이이와 신사임당 : 5만 원짜리 지폐에 그려진 신사임당이 바로 율곡 이이의 어머니예요. 율곡 이이는 그림과 글에 뛰어난 어머니에게서 큰 영향을 받았어요. 5,000원짜리 지폐에는 율곡 이이의 초상화가 있답니다.

55일 | 4자성어 4행시 일기쓰기

년 월 일

눈 안(眼)　아래 하(下)　없을 무(無)　사람 인(人)

안 하 무 인

'안/하/무/인'은 '자신의 눈 아래 사람이 없다'는 뜻으로 모든 사람을 얕잡아보고 무시하는 사람을 가리켜요. 자기보다 못하거나 약해 보이는 사람에게 갑질하는 사람을 '안하무인'이라고 해요.

안

하

무

인

갑질이란? : 갑(甲)은 사회적으로 유리한 위치에 있는 사람을 뜻해요. 사장님은 회사의 '갑'이고 카페의 손님도 '갑'이에요. 자신의 지위를 이용해서 상대방을 하인 부리듯 대하는 것을 '갑질'이라고 해요. 갑질은 사회에서 반드시 없어져야 해요.

년 월 일

맺을 결(結) 풀 초(草) 갚을 보(報) 은혜 은(恩)

56일 | 4자성어 4행시 일기쓰기   결 초 보 은

'결/초/보/은'은 '풀을 묶어 은혜를 갚는다'는 뜻이에요.
누군가에게 은혜를 입었다면 잊지 말고 갚을 줄 아는 사람이 되어야 해요.

결

초

보

은

 결초보은이 생긴 까닭은? : 중국 진나라 때 위무자라는 사람이 병들자 자신이 죽으면 사랑하는 여인이 잘살도록 다시 시집을 보내라고 했다가, 나중에는 마음을 바꾸어 자기와 함께 묻어 달라고 했어요. 하지만 아버지가 죽은 뒤 아들 위과는 그 여인을 다시 시집보냈어요. 어느 날 전쟁 중이던 위과는 풀에 발이 걸려 넘어진 적을 잡았는데, 알고 보니 자신이 놓아 준 여인의 아버지가 풀을 묶어 은혜에 보답한 것이었대요.

년 월 일

57일 | 4자성어 4행시 일기쓰기

대나무 죽(竹)   말 마(馬)   옛 고(故)   친구 우(友)

죽 마 고 우

'죽/마/고/우'는 '대나무 말을 타던 옛날 친구, 즉 어릴 때 친했던 친구'를 뜻해요.
나의 '죽마고우'는 유치원 때부터 초등학교 때까지 친하게 지내는 친구들이에요.

죽

마

고

우

 죽마고우 오성과 한음 : 오성은 이항복의 어렸을 적 이름이고, 한음은 이덕형의 어렸을 적 이름이에요. 둘은 '죽마고우(竹馬故友)'로 조선 최고의 벼슬에 올랐어요. 임진왜란 때도 함께 나라를 지키며 크게 활약했어요.

58일 | 4자성어 4행시 일기쓰기

년 월 일

묶을 속(束)   손 수(手)   없을 무(無)   꾀 책(策)

속 수 무 책

'속/수/무/책'은 '손을 묶인 것처럼 이렇다 할 방법이 없어서 꼼짝 못 한다'는 뜻이에요.
갑작스럽게 산불이나 홍수가 나면 어찌할 바를 몰라서 '속수무책'으로 당할 수밖에 없어요.

	속							
	수							
	무							
	책							

 불에 탄 나무를 친환경 연료로! : 강원도 동해안 지역에서는 산불이 자주 일어나요. 그동안에는 불에 탄 나무들을 버리기만 했는데 2020년부터는 친환경 연료로 재사용하고 있어요.

 년 월 일

59일 | 4자성어 4행시 일기쓰기

가로 횡(橫)　말씀 설(說)　세로 수(竪)　말씀 설(說)

횡설수설

'횡/설/수/설'은 '가로로 말했다가 세로로 말했다가 하는 식으로 앞뒤가 맞지 않게 하는 말'이란 뜻으로, 체계 없이 이러쿵저러쿵 말하는 것을 뜻해요. 어른들은 술에 취하면 '횡설수설'하는데 정말 이상해요.

	횡							
	설							
	수							
	설							

 자린고비는 4자성어일까? : 자린고비는 4자성어 같지만 아니에요. 자린고비는 옛날이야기에 등장하는 매우 인색한 구두쇠 이름이랍니다. 생선이 아까워서 부인에게 생선 만진 손을 씻은 물로 국을 끓이라고 할 정도였어요.

60일 | 4자성어 4행시 일기쓰기

박 장 대 소

칠 박(拍) 손바닥 장(掌) 큰 대(大) 웃을 소(笑)

'박/장/대/소'는 '손바닥으로 박수를 치며 크게 웃는 모습'을 뜻해요. 내 동생은 텔레비전을 보면서 '박장대소'를 해요. 그러면서 가끔 손바닥으로 나를 치면서 웃기도 해요.

	박								
	장								
	대								
	소								

꼬딱 상식 **건강 박수법**: 손은 내장과 연결되어 있어요. 박수를 치면 신체 기관이 활발해져서 질병 예방에도 좋아요. 손등 박수는 허리를 강하게 해 주고 주먹 박수는 두통에 좋아요. 손가락 박수는 심장과 기관지에 좋아요.

61일 | 4자성어 4행시 일기쓰기

기쁠 희(喜) 성낼 로(怒) 슬플 애(哀) 즐거울 락(樂)

희 로 애 락

'희/로/애/락'은 '기쁨과 성냄, 슬픔과 즐거움'을 뜻해요. 이 네 가지는 사람의 감정을 대표하는 것들이에요. '희로애락'은 '희노애락'으로 쓰지 않아요. 하지만 4행시에서는 두음 법칙에 따라서 '로'를 '노'로 시작해도 돼요.

	희							

	로							

	애							

	락							

웃으면 건강해져요 : 웃으면 엔도르핀이 나와서 오래 살 수 있어요. 소화도 잘되고 혈압도 낮아지며 면역력도 좋아지지요. 화가 나더라도 매일 웃도록 노력해 보세요.

년 월 일   학 학(鶴)   머리 수(首)   괴로울 고(苦)   기다릴 대(待)

62일 | 4자성어 4행시 일기쓰기

학 수 고 대

'학/수/고/대'는 '학처럼 머리를 길게 빼고 하염없이 기다리는 모습'을 말해요.
화단의 꽃들이 시들시들한 것을 보니 물 주기를 '학수고대'할 것 같아요.

학

수

고

대

꼬박 상식 | 해바라기 씨를 좋아하는 햄스터 : 그리스 신화에서는 태양의 신 아폴론을 짝사랑한 요정이 변해서 해바라기가 되었다고 해요. 더운 여름에도 활짝 꽃을 피워서 많은 사람들이 좋아해요. 해바라기 씨는 영양가가 많아서 사람들이 좋아해요. 하지만 더 좋아하는 동물이 있어요. 바로 햄스터예요.

년   월   일   몸 신(身)   흙 토(土)   아닐 불(不)   두 이(二)

63일 | 4자성어 4행시 일기쓰기 | 신 토 불 이

'신/토/불/이'는 '몸과 흙은 둘이 아니다'란 말로, 사람은 자신이 사는 땅에서 기른 농산물을 먹어야 몸에 잘 맞는다는 뜻이에요. 우리나라 사람은 '신토불이' 제품을 좋아해요. 국산 쌀, 국산 콩 가격이 비싼 이유이지요.

	신							

	토							

	불							

	이							

세계 3대 작물은? : 세계 3대 작물은 옥수수, 밀, 쌀이에요. 이 중에서 쌀은 약 6,000~7,000년 전부터 재배하기 시작했어요. 우리나라는 약 3,000년 전부터 쌀농사를 시작했는데, 삼국 시대부터 나라에서 적극적으로 앞장섰어요.

64일 | 4자성어 4행시 일기쓰기

한 일(一)　물결 파(波)　일만 만(萬)　물결 파(波)

일 파 만 파

'일/파/만/파'는 '하나의 파도가 만 개의 파도를 일으키는 것'을 말해요.
별것 아닌 줄 알고 행동한 것이 큰 문제로 번질 때 '일파만파'라고 말해요.

	일								
	파									
	만									
	파									

 **나비 효과** : 1952년 작가 브래드버리가 처음 사용하고 미국의 기상학자 로렌츠가 퍼트린 말이에요. 나비의 작은 날갯짓이 결과적으로 폭풍우와 같은 큰 변화를 일으키는 걸 말해요. '일파만파(一波萬波)'와 비슷한 뜻이에요.

년 월 일

흐릴 애(曖) 어두울 매(昧) 모호할 모(模) 흐릿할 호(糊)

65일 | 4자성어 4행시 일기쓰기

'애/매/모/호'는 '흐릿하고 어두워서 모양이나 상태를 구별하기 어려운 것'을 말해요.
어두운 밤길을 걸으면 사물이 '애매모호'하게 보여서 알아보기 힘들어요.

| 애 | | | | | | | |

| | | | | | | | |

| 매 | | | | | | | |

| | | | | | | | |

| 모 | | | | | | | |

| | | | | | | | |

| 호 | | | | | | | |

| | | | | | | | |

 애매하다 VS 모호하다 : '애매하다'는 말은 일본식 한자어예요. 평소 '애매모호(曖昧模糊)하다'란 말을 많이 쓰지만 '모호하다'란 말이 더 바람직한 우리말이에요.

년 월 일

위엄 위(威)   바람 풍(風)   당당할 당(堂)   당당할 당(堂)

66일 | 4자성어 4행시 일기쓰기

위 풍 당 당

'위/풍/당/당'은 '위엄이 넘치고 당당하다'는 뜻이에요. 결혼식에 가면 신랑이 '위풍당당'하게 걸어오는 것을 볼 수 있어요. 씩씩하고 자신감이 넘쳐 보여요.

위

풍

당

당

위풍당당 행진곡 : 영국 작곡가 엘가가 지은 '위풍당당(威風堂堂) 행진곡'을 들어 보았나요? 주로 미국, 영국의 졸업식에서 자주 연주하고 결혼식에서 신랑이 입장할 때 쓰는 곡으로도 사용해요.

67일 | 4자성어 4행시 일기쓰기

인할 인(因)　열매 과(果)　응할 응(應)　갚을 보(報)

인 과 응 보

'인/과/응/보'는 '원인과 결과에는 이유가 있다'는 뜻이에요.
죄를 지으면 벌을 받고 열심히 노력하면 좋은 결과가 나오는 게 바로 '인과응보'예요.

	인							
	과							
	응							
	보							

뿌린 대로 거둔다? : '콩 심은 데 콩 나고 팥 심은 데 팥 난다'는 속담은 '인과응보(因果應報)'와 비슷한 말이에요. 비슷한 4자성어로 '자업자득(自業自得)'이 있어요. 자기가 저지른 일의 결과를 자기가 받는다는 뜻이에요.

년 월 일

고기 잡을 어(漁) 지아비 부(夫) 어조사 지(之) 이로울 리(利)

68일 | 4자성어 4행시 일기쓰기

어 부 지 리

'어/부/지/리'는 '어부의 이익'이라는 뜻이에요. 자기들끼리 싸우고 있을 때 누군가가 나타나서 이익을 가로챈다는 의미이지요. 1950년 6월 25일, 남한과 북한 사이에 전쟁이 벌어지자 이웃 나라인 일본이 이 상황을 이용해 '어부지리'로 많은 돈을 벌었어요.

	어								
	부								
	지								
	리								

 어부지리 이야기 : 중국 조나라가 연나라를 공격하려고 하자 소대라는 사람이 이를 멈추기 위해 '어부지리(漁夫之利)' 이야기를 시작했어요. 조개와 도요새가 서로 싸우는 사이에 둘을 모두 잡아서 이득을 챙긴 것은 엉뚱한 어부였다는 이야기로 조나라와 연나라의 전쟁을 막았다고 해요.

69일 | 4자성어 4행시 일기쓰기

년 월 일

갈 거(去) 머리 두(頭) 끊을 절(截) 꼬리 미(尾)

거 두 절 미

'거/두/절/미'는 '머리와 꼬리를 자른다'는 뜻이에요. 말을 할 때 앞뒤로 중요하지 않은 내용은 덜어내고 진짜 중요한 이야기만 하는 것을 말해요. 시간이 없다면 '거두절미'하고 꼭 필요한 이야기만 해야 해요.

	거								
	두								
	절								
	미								

도마뱀의 꼬리 자르기 : 도마뱀은 위험에 처하면 꼬리를 잘라 버리고 도망치지만 잘린 꼬리는 곧 다시 자라나요. 도마뱀이 꼬리를 자르는 건 일생(一生)에 단 한 번뿐이래요.

년 월 일   탈 승(乘)   이길 승(勝)   길 장(長)   몰 구(驅)

70일 | 4자성어 4행시 일기쓰기    승 승 장 구

'승/승/장/구'는 '승리하는 분위기로 몰아간다'는 뜻이에요.
우리나라는 코로나 위기를 극복하고 전 세계적으로 주목을 받으며 '승승장구'하고 있어요.

	승							
	승							
	장							
	구							

 햇빛과 우울증 : 햇볕을 덜 쬐면 비타민 D가 부족해져서 우울증에 걸리기 쉬워요. 코로나 때문에 밖에 나가지 못해서 우울하다는 사람이 많아요. 마스크를 끼고 거리 두기를 지키며 공원을 한 바퀴 돌면 어떨까요?

년 월 일

71일 | 4자성어 4행시 일기쓰기

아닐 불(不)　거둘 철(撤)　낮 주(晝)　밤 야(夜)

불 철 주 야

'불/철/주/야'는 '낮과 밤을 거두지 아니한다, 즉 밤낮을 가리지 않는다'는 뜻으로 쉴 틈 없이 일할 때 쓰는 말이에요. 우리 주변에서 '불철주야' 일하는 분을 꼽으라면 택배 기사 아저씨나 경비원 아저씨를 꼽을 수 있어요.

불

철

주

야

야간 궁궐이 궁금해? : 늦가을이면 경복궁, 화성행궁을 비롯하여 여러 궁궐이 야간(夜間)에 문을 열어요. 화려한 조명 덕분에 사진을 찍는 사람들도 많아요. 입장하려면 인터넷에서 표를 예매해야 하는데 경쟁이 치열해요.

72일 | 4자성어 4행시 일기쓰기

년 월 일

부를 호(呼) 형 형(兄) 부를 호(呼) 아우 제(弟)

호 형 호 제

'호/형/호/제'는 '서로 형으로 부르거나 아우로 부른다'는 뜻으로 아주 친한 친구 사이를 뜻해요.
내 짝꿍은 나와 '호형호제'하는 사이예요. 그런데 동갑일 때는 누가 형이고 누가 아우일까요?

	호								
	형								
	호								
	제								

〈겨울왕국〉 찐자매 : 애니메이션 〈겨울왕국〉 주인공 엘사와 안나는 언니와 여동생으로 자매(姉妹)예요. 성격은 달라도 사이는 좋아요. 형과 남동생은 형제(兄弟), 오빠와 여동생 또는 누나와 남동생은 남매(男妹)라고 불러요.

73일 | 4자성어 4행시 일기쓰기

년 월 일

사람 인(人) 어조사 지(之) 항상 상(常) 뜻 정(情)

인 지 상 정

'인/지/상/정'은 '사람이라면 다 가지는 마음이나 감정'을 말해요.
달리기를 하다가 넘어진 친구를 보면 손을 붙잡고 일으켜 주고 싶은 게 '인지상정'이에요.

인

지

상

정

100m 세계 신기록 : 100m 달리기 남자 세계 기록은 우사인 볼트가 2009년 베를린 세계육상선수권에서 기록한 9초 58이랍니다. 여자 세계 기록은 1988년 서울올림픽 선발전 때 플로렌스 그리피스 조이너가 기록한 10초 49가 최고예요.

74일 | 4자성어 4행시 일기쓰기

년 월 일 달릴 주(走) 말 마(馬) 볼 간(看) 메 산(山)

'주/마/간/산'은 '달리는 말에서 산을 본다'는 뜻으로 자세히 살펴보지 않고 대충 훑어볼 때 쓰는 말이에요. 만화책을 볼 땐 자세히 보는데 교과서를 볼 땐 왜 '주마간산'이 떠오를까요?

	주								
	마								
	간								
	산								

꼭꼭 상식 **패키지여행** : 여행사가 장소, 비행기, 호텔, 음식 등 모든 것을 정해 두고 여행객은 일정대로 움직이는 걸 말해요. 패키지여행은 '주마간산(走馬看山)' 같아서 싫다고 하는 사람도 있어요. 하지만 가격이 싸서 사람들은 패키지여행을 포기하지 못한답니다.

년 월 일

75일 | 4자성어 4행시 일기쓰기

가을 추(秋) 바람 풍(風) 떨어질 낙(落) 잎사귀 엽(葉)

추 풍 낙 엽

'추/풍/낙/엽'은 '가을바람에 떨어지는 나뭇잎'을 말해요. 전쟁에서 아무런 저항도 하지 못한 채 바람에 힘없이 떨어지는 나뭇잎처럼 패배하는 것을 뜻하지요. 친구와 게임이나 내기를 하면서 '추풍낙엽'처럼 진 경험이 있나요?

	추								
	풍								
	낙								
	엽								

추풍령 감자탕 : 충북 영동군 추풍령면에 있는 고개를 추풍령(秋風嶺)이라고 불러요. 고개 이름 끝에 령(嶺)이 붙는 경우가 많은데 대관령도 마찬가지예요. 추풍령은 감자탕으로 유명해요.

년 월 일   얻을 득(得) 뜻 의(意) 날릴 양(揚) 날릴 양(揚)

76일 | 4자성어 4행시 일기쓰기

 득 의 양 양

'득/의/양/양'은 '뜻을 이루고는 우쭐거리는 것'을 말해요. 비슷한 말로 '의기양양'이 있어요.
유튜브 크리에이터라면 구독자가 많아질수록 '득의양양'해질 것 같아요.

| | 득 | | | | | | | | |

| 의 |

| 양 |

| 양 |

 **유튜버 '흔한남매'** : 초등학생에게 인기 만점인 유튜버는 '흔한남매'예요. 구독자가 벌써 200만 명이 넘다니, 개그우먼 장다운과 개그맨 한으뜸은 '득의양양(得意揚揚)'하겠어요.

년 월 일 한 일(一) 기쁠 희(喜) 한 일(一) 슬플 비(悲)

77일 | 4자성어 4행시 일기쓰기

일 희 일 비

'일/희/일/비'는 '기뻤다가 슬펐다가 반복하는 모습'을 뜻해요. 어린이들은 기쁠 땐 활짝 웃고 슬플 땐 펑펑 울어요. 아직 어리고 순수해서 작은 일에도 '일희일비'하는 건 어쩔 수 없어요.

일							
희							
일							
비							

 어린이가 뽑은 최고의 과학자 : 잡지 〈과학쟁이〉의 조사에 따르면 가장 많은 어린이가 아인슈타인을 제일 좋아하는 과학자로 뽑았어요. 그다음으로 에디슨, 뉴턴, 퀴리 부인, 장영실이 뒤를 이었어요.

78일 | 4자성어 4행시 일기쓰기

써 이(以) 더울 열(熱) 다스릴 치(治) 더울 열(熱)

이 열 치 열

'이/열/치/열'은 '열을 열로써 다스린다'는 뜻이에요. 우리 엄마는 더운 여름에 아이스커피 대신 따뜻한 커피를 마셔요. '이열치열'로 여름을 이기기 위해서래요.

	이								
	열								
	치								
	열								

꼬막상식 **냉면이 겨울 음식?** : 냉면의 재료는 메밀이에요. 옛날에는 메밀을 늦가을에 수확했기 때문에 겨울에 냉면을 먹었어요. 김장 때 담근 동치미 국물에 국수를 말아 먹는 것은 평양냉면이에요. 부자들은 동치미 국물 대신 고기 육수를 넣어서 냉면을 먹었대요.

| 년 월 일 | 돌이킬 반(反) 얼굴 면(面) 가르칠 교(敎) 스승 사(師) |

79일 | 4자성어 4행시 일기쓰기

반 면 교 사

'반/면/교/사'는 '다른 사람의 잘못을 통해 가르침을 얻는다'는 뜻이에요.
동생이 숙제를 안 해서 엄마에게 혼나면, 그 모습을 '반면교사'로 삼고 얼른 방에 들어가 알림장을 펼쳐요.

반

면

교

사

 반면교사와 마오쩌둥 : '반면교사(反面敎師)'란 말은 1960년 중국 문화대혁명 때 마오쩌둥이 사용한 말이에요. 당시 마오쩌둥은 중국 공산당 국가 주석이었는데 국가 주석은 우리나라의 대통령과 비슷한 위치예요.

년 월 일

작을 소(小) 탐낼 탐(貪) 큰 대(大) 잃을 실(失)

80일 | 4자성어 4행시 일기쓰기

소 탐 대 실

'소/탐/대/실'은 '작은 것을 탐내다가 큰 것을 잃는다'는 뜻이에요. 한 지방자치단체에서 어떤 거리가 유명해지자 통행세를 걷었어요. 사람들은 발길을 뚝 끊었고 근처 식당과 카페는 문을 닫았지요. 이런 경우가 바로 '소탐대실'이에요.

	소								
	탐								
	대								
	실								

 로마의 오줌세 : 로마 사람들은 양털 옷을 입었는데 신기하게도 오줌으로 양털을 세탁하면 깨끗해졌대요. 그래서 오줌세를 매기게 되었어요. 그밖에 특이한 세금으로 창문세, 수염세 등이 있어요.

81일 | 4자성어 4행시 일기쓰기

년 월 일

귀신 신(神)　날 출(出)　귀신 귀(鬼)　빠질 몰(沒)

신 출 귀 몰

'신/출/귀/몰'은 '귀신처럼 들어왔다 나갔다 한다'는 뜻으로 재빠르게 나타났다가 사라지는 것을 말해요.
홍길동은 '신출귀몰'해서 좀처럼 잡기 힘들었어요.

	신								
	출								
	귀								
	몰								

 꼬막상식 동에 번쩍 서에 번쩍 : '신출귀몰(神出鬼沒)'과 비슷한 의미를 가진 속담으로 여기저기 날쌔게 돌아다니는 모습을 말해요.

82일 | 4자성어 4행시 일기쓰기

모래 사(沙)　윗 상(上)　다락 누(樓)　집 각(閣)

사 상 누 각

'사/상/누/각'은 '모래 위의 집'이란 뜻으로 기초가 튼튼하지 않아서 쉽게 허물어지는 것을 말해요. 집뿐만 아니라 가게나 회사도 '사상누각'처럼 운영하면 곧 문을 닫게 돼요.

	사								
	상								
	누								
	각								

백사장? 흑사장? : '백사장(白沙場)'은 하얀 모래가 있는 강이나 바닷가를 말해요. 검은 모래가 있는 '흑사장(黑沙場)'도 있어요. 우리나라에서 유일한 흑사장은 제주시 삼양 해수욕장이에요.

83일 | 4자성어 4행시 일기쓰기

천 하 태 평

하늘 천(天) 아래 하(下) 클 태(泰) 평평할 평(平)

'천/하/태/평'은 '하늘 아래 세상이 크고 평평하다, 즉 평화롭다'는 뜻이에요. 다른 뜻으로는 세상 근심을 모르는 사람을 가리켜요. 학교에 갈 시간까지 쿨쿨 늦잠 자는 나에게 엄마는 '천하태평'이라고 해요.

	천								
	하								
	태								
	평								

 현빈의 본명은 김태평? : 영화배우 현빈의 진짜 이름은 김태평(金泰平)이래요. 천하태평(天下泰平) 한자와 같아요. 좋은 이름이에요.

| 년 월 일 | 길 영(永) 오랠 구(久) 아닐 불(不) 변할 변(變) |

84일 | 4자성어 4행시 일기쓰기

영 구 불 변

'영/구/불/변'은 '길고 오랫동안 변하지 않는 것'을 말해요. 부모님의 사랑은 '영구불변'이에요. 나를 변함없이 사랑해 주시니까요.

	영							
	구							
	불							
	변							

꽃말이 '영구불변'인 꽃은? : '스타티스'란 꽃을 본 적이 있나요? 서늘한 기후를 좋아하고 바닷가에서 주로 자라요. 오랫동안 꽃을 피울 뿐 아니라 말린 꽃인 드라이플라워로 자연스럽게 변해서 꽃말도 '영구불변(永久不變)'이래요.

년 월 일   큰 대(大)   그릇 기(器)   늦을 만(晚)   이룰 성(成)

85일 | 4자성어 4행시 일기쓰기

대 기 만 성

'대/기/만/성'은 '큰 그릇은 늦게 이루어진다, 즉 크게 될 사람은 늦게 빛을 발한다'는 뜻이에요.
당장 좋은 성적을 내지 못하더라도 실망하지 않고 꾸준히 노력하면 언젠가 '대기만성'할 거예요.

	대								
	기								
	만								
	성								

수영 최고령 금메달리스트 : 미국의 앤서니 어빈 선수는 2016년 서른다섯 살에 수영에서 금메달을 땄어요. 은퇴, 마약, 자살 시도 등 시련이 많았지만 늦은 나이에 금메달리스트가 된 '대기만성(大器晚成)' 선수예요.

년   월   일   하늘 천(天)   아래 하(下)   없을 무(無)   대적할 적(敵)

86일 | 4자성어 4행시 일기쓰기

천 하 무 적

'천/하/무/적'은 '하늘 아래 겨룰 만한 적이 없다'는 뜻이에요. 동물의 세계에서 '천하무적'이라고 하면 흔히 동물의 왕 사자를 떠올려요. 하지만 의외로 아프리카에서 가장 위험한 동물은 사자가 아니라 하마래요. 뜻밖이지요?

천

하

무

적

꼬박 살식 곤충 세계의 천하무적 사마귀 : 사마귀가 거미, 메뚜기, 잠자리는 물론 개구리까지 잡아먹는다는 것을 아나요? 사마귀는 앞다리에 날카로운 가시가 있고 강한 턱을 가지고 있어서 곤충 세계에서는 거의 '천하무적(天下無敵)'이에요.

87일 | 4자성어 4행시 일기쓰기

기운 기(氣)　높을 고(高)　일만 만(萬)　길이 장(丈)

기 고 만 장

'기/고/만/장'은 '기운의 높이가 일만 길이에 이르렀다'는 뜻으로 잘난 척하는 사람을 가리킬 때 쓰는 말이에요. 페르시안 고양이는 정말 예뻐요. 그래서일까요? 늘 '기고만장'한 것 같아요.

기

고

만

장

 페르시안 고양이 : 털이 길고 아름다워서 '고양이계의 귀부인'이란 별명을 가졌어요. 원래는 페르시아와 아프가니스탄에서 살았고, 앙고라 고양이라고도 불러요. 푸른 눈의 흰 고양이가 가장 인기가 많아요.

88일 | 4자성어 4행시 일기쓰기

느낄 감(感) 것 지(之) 덕 덕(德) 것 지(之)

감 지 덕 지

'감/지/덕/지'는 '어떤 것을 감사하게 생각하고 이를 덕으로 생각한다'는 뜻으로 생각지도 않게 아주 큰 것을 받았을 때 쓰는 말이에요. 산타클로스 할아버지가 선물을 매일 주신다면 얼마나 좋을까요? 정말 '감지덕지'일 것 같아요.

감

지

덕

지

산타클로스의 고향은? : 산타클로스로 알려진 성 니콜라스 수도사는 터키의 한 부잣집에서 태어났어요. 전 재산을 사람들에게 나눠 준 후 평생 가난한 사람을 도왔어요. 네덜란드식 이름은 '신터 클라스'인데 이것이 나중에 '산타클로스'가 되었답니다.

년 월 일

89일 | 4자성어 4행시 일기쓰기

홀로 독(獨)　아닐 불(不)　장수 장(將)　군사 군(軍)

독 불 장 군

'독/불/장/군'은 '혼자서는 장군이 될 수 없다, 즉 남과 협조해야 한다'는 뜻이에요.
무슨 일이든 혼자서만 하고 남의 말을 듣지 않는 외톨이를 말해요. '독불장군'이 주변에 있으면 너무 피곤해요.

	독						
	불						
	장						
	군						

 외톨이 VS 외토리 : 의지할 곳 없는 사람을 외톨이(○)라고 해요. 외토리(×)가 아닌 점에 주의하세요. 요즘에는 아웃사이더라고 하는데 줄여서 '아싸'라고도 불러요. 반대말로는 인사이더, 즉 '인싸'가 있어요.

년 월 일

스스로 자(自) 그림 화(畵) 스스로 자(自) 기릴 찬(讚)

90일 | 4자성어 4행시 일기쓰기

자 화 자 찬

'자/화/자/찬'은 '자신이 그린 그림을 스스로 칭찬하는 것'을 뜻해요.
좋게 말하면 자존감이 높다고 할 수 있겠지만 나쁘게 말하면 '자아도취', '자뻑'이라고 할 수도 있어요.

	자								
	화								
	자								
	찬								

세상에서 가장 비싼 그림은? : 1등은 세잔의 〈카드놀이 하는 사람들〉로 2,622억 원이에요. 피카소의 그림 〈꿈〉은 2위로 1,626억 원이에요. 정말 어마어마하죠?

년 월 일

약할 약(弱)　고기 육(肉)　강할 강(强)　먹을 식(食)

91일 | 4자성어 4행시 일기쓰기

'약/육/강/식'은 '약한 자는 강한 자에게 고기로 먹힌다'는 뜻이에요. 동물의 세계는 '약육강식'이 통하는 곳이에요. 하지만 우리 인간은 약한 사람들을 도와주며 살아가요.

	약								
	육								
	강								
	식								

 세계 최대 동물원은? : 미국의 샌디에이고 동물원은 1916년에 문을 연 뒤 100년이 지난 세계 최대의 동물원이에요. 희귀하거나 멸종 직전인 동물을 보호하는 데 앞장서고 있어요. 신기한 식물도 70만 종 이상 가지고 있어요.

년 월 일

바깥 외(外)　부드러울 유(柔)　안 내(內)　굳셀 강(剛)

92일 | 4자성어 4행시 일기쓰기

외 유 내 강

'외/유/내/강'은 '바깥은 부드럽고 안은 강하다'는 뜻이에요.
겉으로는 약해 보여도 의지가 굳센 사람이 진짜 강한 사람이에요.

	외								
	유								
	내								
	강								

외강내유, 속은 여린 사람 : '외유내강(外柔內剛)'과 반대말로 '외강내유(外剛內柔)'가 있어요. 겉은 강하고 속은 여린 사람이에요. 나는 어떤 사람일까요?

93일 | 4자성어 4행시 일기쓰기

거만할 오(傲) 거만할 만(慢) 놓을 방(放) 방자할 자(恣)

오 만 방 자

'오/만/방/자'는 '남을 업신여기거나 아무렇게나 행동하는 것'을 말해요.
'오만방자'한 행동을 하면 상대방은 기분이 나쁠 거예요. 항상 예의를 갖춰서 말과 행동을 해야 해요.

오

만

방

자

방자와 향단이 : 〈춘향전〉에 나오는 이몽룡의 하인은 방자예요. 춘향이의 하인은 향단이고요. '방자(房子)'는 조선 시대에 심부름하는 남자와 여자를 부르는 이름이었대요. 그렇다면 향단이가 방자가 될 수도 있었겠네요?

년 월 일

94일 | 4자성어 4행시 일기쓰기

앞 전(前)   없을 무(無)   뒤 후(後)   없을 무(無)

전 무 후 무

'전/무/후/무'는 '앞에서도 없었고 뒤로도 없다'는 뜻으로 최고로 뛰어나거나 이 세상에 하나밖에 없는 것을 가리킬 때 쓰는 말이에요. 김연아는 피겨 분야에서 '전무후무'한 선수예요.

	전								
	무								
	후								
	무								

꼭학상식 중국에서 온 4자성어 : '전무후무(前無後無)'란 말은 중국의 '전무후무 제갈무후(前無後無 諸葛武侯)'에서 나온 말인데, 중국보다는 한국에서 더 자주 사용한다고 해요.

년　월　일

죽일 살(殺)　몸 신(身)　이룰 성(成)　어질 인(仁)

95일 | 4자성어 4행시 일기쓰기

 살 신 성 인

'살/신/성/인'은 '자신의 몸을 죽여서 어진 것(인)을 이룬다'는 뜻으로, 자신을 희생하고 올바른 것을 실천한다는 뜻이에요. 우리 조상들은 '살신성인'의 자세로 적의 침략에 맞서 나라를 지켰어요.

	살									
	신									
	성									
	인									

 살신성인 논개 : 논개는 임진왜란 때 왜군 장수를 끌어안고 진주 남강에 투신한 여성이에요. 논개가 자신의 목숨을 바쳐 왜군 장수를 죽이자 왜군은 사기가 떨어져 서둘러 진주에서 물러났어요.

년   월   일

높을 고(高)   소리 성(聲)   놓을 방(放)   노래 가(歌)

96일 | 4자성어 4행시 일기쓰기

고 성 방 가

'고/성/방/가'는 '큰 소리로 목 놓아 노래 부른다'는 뜻이에요. 노래방에서는 '고성방가'를 해도 괜찮지만 길거리에서는 안 돼요. 술에 취하면 종종 길거리에서 '고성방가'를 하는 사람들이 있어요.

	고								
	성								
	방								
	가								

 고성방가와 벌금 : 악기, 라디오, '고성방가(高聲放歌)' 등 지나치게 시끄럽게 하면 주변에서 112에 신고를 해요. 경찰이 출동한 후 심하다고 판단하면 벌금을 물릴 수도 있어요.

년 월 일

97일 | 4자성어 4행시 일기쓰기

가득 찰 만(滿)　마당 장(場)　한 일(一)　이를 치(致)

'만/장/일/치'는 '마당 가득히 모인 사람들이 뜻이 하나를 이룬다'는 뜻이에요.
우리 학교 회장은 '만장일치'로 당선되었어요.

만

장

일

치

만장일치와 과반수 : '만장일치(滿場一致)'는 10명 중 10명 모두가 한 친구를 회장으로 뽑는 것을 말해요. '과반수(過半數)'는 절반을 넘는 수인데, 10명 중 6명이 한 친구를 뽑았다면 과반수로 회장이 되었다고 말해요.

년 월 일

스스로 자(自) 처음 초(初) 이를 지(至) 마칠 종(終)

98일 | 4자성어 4행시 일기쓰기

자 초 지 종

'자/초/지/종'은 '처음부터 끝까지 모든 과정에서 있었던 일'을 뜻해요.
친구들과 오해가 있었다면 '자초지종'을 솔직하게 털어놓아야 해요.

	자							
	초							
	지							
	종							

 껌을 삼키면 소화하는 데 7년? : 껌을 뱉지 않고 삼키면 소화기관에 달라붙는다는 말이 있는데 이것은 오해랍니다. 삼킨 껌은 똥으로 나오니까 너무 걱정하지 않아도 돼요.

년   월   일

있을 유(有)   갖출 비(備)   없을 무(無)   근심 환(患)

99일 | 4자성어 4행시 일기쓰기

유 비 무 환

'유/비/무/환'은 '준비를 해 놓으면 근심이 없다'는 뜻이에요. 시험공부를 미리 해 놓으면 걱정할 필요가 없겠지요? 하지만 늘 시험 보기 하루 전날 벼락치기로 공부하게 돼요.

	유							
	비							
	무							
	환							

 시험 응원 문구 : 시험 전 응원의 말을 해 주곤 하는데요. "열심히 한 만큼 잘될 거야!", "콕! 찍어도 정답!", "좋은 결과 파이팅!", "최상의 컨디션으로 최고의 답을!", "넌 최고야! 너에 대한 믿음을 가져!" 등이 있어요.

년   월   일   　　　일백 백(百)　해 년(年)　함께 해(偕)　늙을 로(老)

100일 | 4자성어 4행시 일기쓰기

백 년 해 로

'백/년/해/로'는 '백 년 동안 함께 늙어 가며 살아간다'는 뜻이에요. 결혼해서 평생 행복하게 지낸다는 의미예요. 모든 부모님이 검은 머리가 파뿌리 될 때까지 '백년해로'하셨으면 좋겠어요.

백

년

해

로

 **백년해로의 주인공은?** : '백년해로(百年偕老)'란 말은 중국 책인 《시경》에 나오는 말이래요. 한 병사가 전쟁터에서 아내를 그리워하는 시를 읊었는데 그중 한 구절이라고 해요.

〈뿌듯해 3행시 초등 일기쓰기〉 시리즈

뿌듯해콘텐츠연구소 | 각 8,800원

매일 3행시를 쓰면, 100일 후 글쓰기 도사가 된다!

- 100일 후, 글쓰기 싫어하던 아이가 확 달라진다!
- 하루 1장, 스티커 1개로 부담 없이 성취감 100배 상승!
- 매주 '뿌듯해 백일장' 도전으로 승부욕 UP!
- 초급, 중급, 고급 중 나에게 맞는 단계로 편하게 시작!
    - 1~2학년은 초급으로 시작하기를 추천
    - 3~4학년은 중급으로 시작하기를 추천
    - 5~6학년은 고급으로 시작하기를 추천

〈뿌듯해 4자성어 초등 일기쓰기〉 시리즈

뿌듯해콘텐츠연구소 | 각 8,800원

매일 4자성어 4행시를 쓰면, 100일 후 글쓰기 도사가 된다!

- 100일 후, 글쓰기 싫어하던 아이가 확 달라진다!
- 하루 1장, 스티커 1개로 부담 없이 성취감 100배 상승!
- 매주 '뿌듯해 백일장' 도전으로 승부욕 UP!
- 초급, 중급, 고급 중 나에게 맞는 단계로 편하게 시작!
    - 3행시 일기쓰기를 한 권이라도 끝낸 후에 시작하기를 추천

맘마미아 어린이 경제왕

**만화로 쉽게! 평생 가는 용돈관리 실천법!
우리 아이 100세까지 돈 걱정 OUT!**

- 70만 열광 〈맘마미아〉 시리즈 만화판!
- 게임처럼 재미있고 만화처럼 쉽다!
  → 200원 행복재테크, 21일 비밀달력, 500원 강제저축 등
- 초등 교과서 완벽 연계! → 초등 교과서 집필진 감수 참여

맘마미아 지음, 이금희 글그림 | 10,500원

게임 종이접기

**SBS 〈영재발굴단〉 준규 형아가
손으로 직접 만든 장난감!**

- 상·중·하 난이도별 게임 아이템 총 20종 수록!
- 게임 아이템으로 아이들의 꾸준한 흥미 유발!
- 코딩, 로봇공학 등 다양한 분야에서 활용되는 입체적 사고력 UP!
- 부모와 아이가 함께하는 유익한 취미시간!

강준규 지음 | 13,500원

뿌듯해 · 4자성어 · 초등 일기쓰기

표 창 장

이름 :

....

위 학생은 100일 동안 <뿌듯해 4자성어 초등 일기쓰기>를 빠짐없이 작성하고
글쓰기 실력을 향상시키기 위해 끊임없이 노력하였기에
이 표창장을 드립니다.

년   월   일

....

뿌듯해콘텐츠연구소